블레저, 출장에 여행을 더하다

작가의 고유의 글맛을 살리기 위해
한글 맞춤법에 맞지 않는
일부 표현을 수정하지 않았습니다

### 블레저, 출장에 여행을 더하다

강원종 지음

마음세상

## 프롤로그

**월요일 아침** 눈 뜨기가 두려운 대한민국의 천 만 직장인. 우리 대한민국 직장인들의 일하는 시간은 OECD(경제협력개발기구) 국가 중에서 최상위권이라는 것은 누구나 알고 있는 이미 유명한 이야기인데요. 다시 말하면 우리 직장인들이 많이 지쳐 있다는 뜻이기도 합니다. 휴식이 필요하다는 것은 누구나 알지만, 현실은 만만치 않습니다. 며칠 휴가 내서 짧은 해외여행 한번 다녀오려고 해도, 자랑스럽게 바닥을 드러낸 통장 잔고를 보면 오히려 더 피곤해지고는 합니다. 법에서 정한 내 휴가 내가 쉬는 건데 직장 상사의 눈치도 좀 보이고요. 요즘은 그다지 개의치 않으시는 분들도 많은 것 같습니다만.

그런데 회사에서 공짜로 해외 여행을 보내준다면 어떨까요? 말도 안

되는 소리 하지 말라구요? 맞습니다. 그런 회사는 혹여나 과거에 있었더라도 이미 망해버렸을 겁니다. 제 이야기는 직장인들이 회사 법인카드 가지고 간 해외 출장지에서 공식 업무를 마치고 난 후, 여유 시간을 적극 활용하여 개인 여행을 즐기며 리프레시를 하자는 이야기입니다.

    누구든 직장생활을 하다 보면 많든 적든 출장을 다닙니다. 바쁜 시간을 겨우 쪼개서 어렵게 다녀오는 업무 출장. 대부분의 출장러들이 국내 출장을 가서 공식 업무 마치고 나면, 고객 접대 핑계 대고 회사 법카로 적당히 저녁 식사와 반주 한 잔 합니다. 그리고 나서는 회사 출장비 한도를 딱 맞춘 숙소에서, 가끔은 옆방 투숙객들은 모텔방에서 뭐 하는지 들으며 하룻밤 자야 할 때도 있습니다. 그러다 어느새 아침이 되면 숙취로 무거워진 몸을 일으켜 다음 일정을 시작하고는 하죠.
    해외 출장을 가면 또 어떤가요? 그다지 내세울 만큼 길지도 않은 다리조차 마음껏 뻗기 어려운 비행기의 비좁은 삼등석(이코노미석). 티케팅 할 때마다 좌석이 한 등급 업그레이드 되기를 간절히 희망해 보지만, 그런 행운은 좀처럼 일어나지 않습니다. 스마트폰 화면보다 살짝 넓은 트레이를 식탁 삼아 기내식을 먹고, 편안함이라고 일도 없는 좌석에 최대한 몸을 맞추어서 잠을 잡니다. 길게는 열 몇 시간을 힘들게 버텨내야 낯선 공항에 도착할 수 있습니다. 하지만 여기서 끝이 아니죠. 무거운 짐을 끌고 말도 잘 통하지 않는 어색한 현지 교통편을 이용하여 숙소에 도착해서, 미리 예약해 둔 좁은 방 한 칸을 배정받고 나서야 겨우 한숨 돌릴 수 있습니다.

    시차에 적응할 시간도 없이 아침부터 바쁘게 업무를 시작하고, 저녁 때 숙소에 돌아와서는 하루 동안의 업무 내용 보고 이메일을 임원/팀장께 송부합니다. 새벽에 일어나 밤 동안 수신된 이메일을 체크하고, 다시 하루 종일 업무를 수행합니다. 공식적인 업무 일정이 끝나면 쉴 틈도 없이 밤 비행기로 귀국해서는 다음 날 사무실로 출근합니다. 이런 출장을 지속하다 보면 워라벨이 깨지고 번아웃이 오게 됩니다. 회사에 다닌다는 것이 너무도 불행하고 힘든 일이 되어 버리는 것입니다.

    어느 새 성큼 다가온 백세시대. 정말 재수 없으면 백 살 넘어서까지 살게 될 지도 모른다는 농담이 있습니다. 금수저를 물고 태어나신 분들은 다 계획이 있으실 테니 제외하고요. 주식이나 부동산 등에 성공적으로 투자하셔서 주무시는 동안에도 돈이 돈을 버는 패시브인컴(Passive Income) 파이프라인 구축에 성공하신 분들을 제외하면, 우리 일반 직장인들은 어쩔 수 없이 은퇴할 때까지 회사를 계속 다녀야 생계를 유지할 수 있는데요. 이를 지속하기 위해서는 본인의 직장과 일에 대해 만족하고 즐길 수 있어야 건강하게 오랫동안 일할 수 있다고 생각합니다. 이처럼 보람차고 건강한 직장 생활을 지속하기 위해서는 출장 여행을 슬기롭게 활용하여 지친 심신을 재충전하는 지혜가 필요하다는 것이 제 생각입니다.

저는 21세기 초에 공학계열 대학원을 간신히 졸업하고, 청주시에 위치한 대기업 연구소에서 풋내기 연구원으로 사회생활을 시작했습니다. 2002년 한일월드컵에서 대한민국 국가대표팀의 4강 진출이라는 뜨거웠던 감동이 채 가시기도 전에 유럽에서 개최된 국제 컨퍼런스에 참석할 기회가 있었습니다. 그때 출장지에서 보면, 한국인을 비롯한 아시아인들은 주로 자기들끼리 무리지어 몰려 다녔습니다. 그에 비하여 서양인 참석자들은 아내나 연인과 함께 출장을 와서, 낮에는 컨퍼런스에 참석하고 일과시간 이후는 자유롭게 활용하는 경우가 많았습니다. 또 어떤 분들은 공식 일정이 끝나고 나면 바로 복귀하지 않고 주말 또는 개인 휴가를 연결해서 느긋하게 여행을 즐긴다는 것도 알게 되었습니다. 그분들이 여유롭게 출장과 여행을 함께 즐기는 모습을 보고 '나도 나중에 결혼하면 아내와 함께 해외 출장을 겸한 여행을 다니고 싶다.' 라고 막연하게 그들을 부러워하며 혼자 다짐했던 기억이 지금도 생생하네요.

그때 이후로 저는 업무 출장으로 어딘가 새로운 곳을 방문하게 되면, 그 지역의 색다른 분위기와 사소하더라도 새로운 무언가를 최대한 느끼며 즐기고자 노력하고 있습니다. 물론 오랜 시간 이동하여 도착한 출장지에서 일은 좀처럼 계획한데로 진행되지 않습니다. 상사와 고객으로부터 식사 안 해도 밥 생각이 나지 않을 정도로 욕 먹으며 겨우 하루를 버텨내고 나면, 마라톤 완주라도 한 것 같은 기분이 들고는 합니다.

그렇기 때문에 나를 기다리고 있는 숙소 침대로 직행하여 쉬고 싶은 생각이 간절한 것은 너무도 당연합니다. 그럼에도 불구하고 저는 처음 가보는 도시나 오랜만에 다시 방문한 지역으로 출장을 갔다면, 일정이 허락하는 한 어떻게든 힘을 짜내서 그 동네의 유명한 음식점이나 의미 있는 곳을 둘러보는 작은 여행을 즐기곤 합니다. 물론 그 순간에는 귀찮고 피곤합니다. 하지만 이렇게 작은 여행이라도 즐기고 일상 회사 생활로 복귀하면, 생각보다 기분 전환에 상당한 도움이 됩니다. 시간이 지나고 보면 출장지에서 즐긴 왠지 모르게 비밀스러우면서 긴장감 있는 경험들이 오랫동안 기억되고는 합니다.

출장지에서 비밀스러운 작은 여행을 즐기는 이런 저 스스로를 출장 여행가를 줄여 출행가(出行家)라고 칭하였습니다. 지금 생각하니 참 유치한 작명이네요. 여하튼 그렇게 직장인으로서 출행가 생활을 시작한 지 몇 년쯤 지나서, 인터넷 검색 중 우연히 블레저(Bleisure)라는 단어를 알게 되었습니다. 이 단어는 비즈니스(Business)와 레저(Leisure)라는 단어가 합쳐져 만들어졌는데요. 업무 출장과 개인 레저 여행을 결합한 새로운 형태의 여행을 의미하는 신조어입니다. 처음 들었을 때 뭔가 면도기 이름 같기도 하고, 할리우드 영화에 나는 수퍼 히어로 이름 같기도 한 이 단어의 어감이 꽤나 제 마음에 들었었는데요. 제가 만든 출행가도 나쁘지(?) 않았지만, 이미 전 세계적으로 사용되고 있는 용어가 있다고 하니 괜히 제 혼자만의 언어를 고집하기보다는 그것을 사용하는 것이 더 현명하겠다는 생각이 들었습니다. 그래서 '블레저'라는 단어를 알게 된 이후로는 스스로를 '출행가' 대신 '블레저 여행가(Bleisure Traveller)'로 칭하고 있습니다. 덕분에 이 책은 제가 호기롭게 창시한(적어도 대한민국에서는) 블레저 여행 분야의 첫 책이 되겠네요.

이 책을 통해 부족하지만 자칭 프로 출장러로서 20여 년간 직장생활을 하는 동안 30여 개국으로 출장 다니며 스스로 추구해왔던 블레저 여행을 대한민국 직장인 동료 분들께 소개 드리고자 합니다. 제1장에서는 직장인들이 법인카드 들고 간 업무 출장에서 개인 여행까지 즐기는 블레저 여행의 개요와 장점 등을 소개하고, 제2장에서는 실제로 이러한 블레저 여행을 즐기기 위한 준비 과정을 설명하였습니다. 마지막 제3장에서는 제가 지금까지 직장인으로서 다녔던 출장 여행의 경험 중 재미있었던 에피소드 몇 가지를 소개하였습니다.

저의 출장 여행에 대한 생각과 경험들이 매일 매일 회사 탈출을 꿈꾸는 대한민국 직장인들께서 업무 출장을 새로운 시각으로 바라보고 활용할 수 있는 계기가 되기를 바라는 마음으로 이 책을 썼습니다. 지금까지는 직장인들이 출장지에서 비밀스럽게 땡땡이를 쳐왔습니다. 하지만 앞으로는 대한민국 직장인 모두가 회사와 임원/팀장에게 "출장 간 김에 리프레시를 좀 하고, 업무 복귀해서는 더 열심히 일하겠다. 그것이 회사에 더 도움이 되는 것이다!" 라고 당당하게 이야기할 수 있게 되기를 기원해 봅니다. 회사 입장에서도 블레저를 개념 없는 몇몇 직장인의 일탈로 치부할 것이 아니라, 우리 회사를 다른 경쟁사들과 차별화하여 우수한 인재를 영입하고, 직원들의 사기를 북돋을 수 있는 강력한 무기로 활용해 보실 것을 제안드립니다.

회사 돈으로 가는 공짜 해외여행이라니!

듣는 순간 눈이 번쩍 떠지는 이 여행을 떠날 수 있는 비법을 공개합니다.

직장인들의 즐겁고 안전한 출장길을 기원하며
블레저 여행가 강원종 올림

프롤로그 ⋯ 1

**제1장**
**블레저(Bleisure) 여행 소개 및 동향**

출장보냈더니 놀다온다? 블레저의 의미 • 18

블레저(Bleisure) vs 워케이션(Workation) • 24

왜 블레저인가? 블레저의 장점과 한계 • 29

블레저 하면 회사는 손해? 회사와 직원 사이의 윈-윈 전략 • 38

블레저 여행 도입시 회사와 직원간 명확히 할 점 • 46

블레저 여행의 확장 • 49

# 제2장
## 블레저 여행가(Bleisure traveller)가 되기 위한 준비

블레저 여행이 일반 여행과 다른 점 • 58

출장을 즐기는 자세(Feat. 혼자 출장) • 61

아는만큼 즐겁다! 사전 준비가 재미있는 출장을 만든다 • 66

딱히 가볼 곳이 없을 땐 :
박물관, 시장, 공원, 골목 산책 항공기 덕후는 출장이 즐겁다 • 72

출장 가면 꼭 뭔가를 사와야 할까? • 114

블레저 여행가의 수집 취미: 냉장고 자석 vs 머그컵 • 130

블레저를 위한 기타 정보 • 133

## 제3장
### 블레저 여행기

출장지에서 버킷 리스트 한 줄을 지웠다 • 136

비행기 놓친 김에 쉬어가는 스톱오버 여행 • 149

첫 눈 내리면 회사 안 가는 나라 • 163

파리, 출장마저 예술이 되는 도시 • 187

크리스마스 이브 두바이에서의 악몽 • 194

쿠알라룸프르에 뜬 도신 • 215

비행기 환승 시간 활용 꿀팁: 레이오버 여행 • 225

해외 출장 여행이 시작되는 곳: 공항 라운지 • 231

여행가고 싶은 곳으로 출장 가는 비법 • 238

## 블레저's 노하우

노하우 1. 해외출장 준비물 및 확인사항 • 53

노하우 2. 플라이트레이더 24 활용 • 113

노하우 3. 비행기내 좌석 선택법 • 181

노하우 4. 연결발권 vs 분리발권 • 211

노하우 5. 공항 라운지 무료 이용 프로그램 소개 • 236

노하우 6. 항공사 마일리지의 스마트한 사용법 • 251

에필로그 … 256

# 제1장
# 블레저(Bleisure) 여행 소개 및 동향

제1장에서는 블레저가 무엇인지 설명하고,
워케이션과의 차이점,
블레저 여행의 장점과 한계를 소개합니다.
또한 블레저 여행의 동향을 알아보고,
이를 통해 직원과 회사가 얻을 수 있는
이점을 집어보겠습니다.

# 출장보냈더니 놀다온다?
## 블레저의 의미

---

**회사 생활에 지쳐** 퇴사하고 다른 일에 도전해 보려고 고민하는 직장인들이 많이 있습니다. 하지만 이런 고민을 털어놓으면, 동료와 선배들은 퇴사를 만류하곤 합니다. 다니는 직장마다 상황은 천차만별이겠지요. 하지만 직장인이라면 맹수가 득실거리는 사회에서 나를 보호해주며, 때가 되면 따박따박 통장에 월급을 꽂아주는 회사의 소중함을 모르는 직장인은 없을 것입니다. 그럼에도 불구하고 일요일 저녁이 되면 벌써 다음 날 아침 출근할 걱정에 우울해지기 시작하는데요. '언젠가는 회사를 탈출해서 좋아하는 것만 하며 살고 싶다!' 라는 기약 없는 희망을 품고, 아침마다 도살장 끌려가는 소처럼 출근하는 것이 대한민국 대

부분 직장인들의 공통적인 모습이 아닐까요?

저도 마찬가지입니다. 월요일 출근길에서 금요일 퇴근길을 상상하며, 공휴일이 주말과 겹치는 것에 절망하며(대체 휴일제가 도입되지 전입니다만) 끈질기게 회사 생활을 버텨내고 있었습니다. '라떼는~'을 시전하며 삐삐가 최첨단 통신 기기이던 시절의 무용담을 떠들어대는 하늘 같은 상사. 뭐 하나 시키면 '이걸요?' '제가요?' '왜요?' 삼요 신공을 시전하는 사랑스러운 후배. 업무 시간에 유튜브 골프채널 보느라 정작 일할 시간이 부족해서 자기 업무를 다른 사람에게 미루는 떠넘기기 전문가 동기들 사이에서 말이죠. 이런 회사 생활을 지속해야 하다니. 45억 년 전에 태어나 앞으로 50억 년을 더 태양 주위를 돌아야 하는 것 같은 기분이라고 하면 지구에게 실례일까요? 깝깝한 일상을 벗어나 여행 한번 다녀오고 싶어 연차 결재 한 번 받으려면 왜 이리 눈치가 보이는지. 세상 모든 것이 다 오르는 판에 내 급여만 제자리인 것도 서러운데, 한 달에 한 번 들어온 월급은 통장을 잠시 스쳐 지나갈 뿐이고. 그런 직장 생활을 하면서 한 해 두 해 경력이 쌓이다 보니 진급도 하기는 합니다. 뭐, 그 덕에 욕먹을 일이 배로 늘어나는 건 덤이지만요. 여하튼 간에 여기저기서 깨지다 보니 눈치도 늘고, 어차피 오늘 죽어라 일해 봐야 내일 할 일이 줄어드는 게 아니라는 것도 깨달아 갔습니다. 나름 열심히 회사를 위해 최선을 다하던 어느 날, 노련한 영업팀 차장님과 1박 2일 부산 출장을 다녀올 일이 있었습니다. 아침 일찍 비행기 타고 부산 내려

가서 오후에 고객과 미팅. 다음 날 오전에 회사 공장에서 설계팀과 신제품 개발 사양 관련 일로 한바탕 싸우고, 오후 기차를 타고 서울로 복귀하는 일정이었습니다. 힘난한 출장 일정을 무사히 마치고 부산역으로 이동하기 전, '점심 식사는 부산역에서 뭐 간단히 먹자고 하시려나?' 라고 생각하고 있는데 차장님께서 한마디 툭 던지셨습니다.

"강 선임, 저녁 때 바쁜 일 있니?"

"아뇨~ 집에 가서 잠이나 자려고 했는데요."

"그럼 밀면 먹고 갈래?"

"밀면이요?"

"응. 밀면. 부산까지 왔는데 그냥 가면 섭섭하잖아?"

"저는 부산에서 밀면 한 번도 안 먹어 봤는데요. 뭐 쫄면 비슷한 거 아니에요?"

"무슨 그런 막말을! 부산 분들이 들으시면 섭섭해하겠어."

"아! 그런 거예요?"

"조금 전에 우리랑 회의실에서 한바탕 싸운 설계팀 팀장님이 보기와는 다르게 꽤나 미식가이시거든. 그 깐깐한 양반이 몇 년 전 내가 처음 부산 출장 왔을 때 추천해 주신 곳이 있는데, 정말 맛있어."

"설계팀장님께 그런 면이 있으실 거라고는 상상도 하지 못했네요."

"여기서 그 식당까지 거리는 좀 있는데, 먹어보면 절대 후회 안 할 거야!"

그때 부산 출장에서 먹었던 쫄깃하면서 새콤달콤했던 밀면. 밀면이라는 것을 진정 예술의 경지로 끌어올린 듯한 맛이었습니다. 식사 비용을 영업팀 법인카드로 계산해서 더 그렇게 느껴졌는지도 모르겠습니다만. 여하튼 선배 고수 출장러들은 이처럼 이미 암암리에 행하던 것들을 저는 그제야 밀면을 먹다가 깨달았습니다. '아! 업무 출장도 잘 준비하고 이용하면 새로운 동네 가서 법카로 맛있는 것도 사먹고 기분 전환 겸 힐링도 할 수 있겠는데?' 라는 것을 말입니다. 이후부터 서두에 말씀드렸던 것처럼 스스로를 출행가(出行家), 나중에는 블레저 여행자(Bleisure Traveller)라고 부르는 길로 점차 접어들기 시작했었습니다.

업무 출장간 김에 개인 여가도 즐긴다는 블레저(Bleisure). 이것의 기원에 대해 좀 더 자세히 설명 드리겠습니다. 블레저(Bleisure)는 업무를 뜻하는 'Business'의 'B'와 여가 활동을 뜻하는 'Leisure'를 합쳐서 만들어졌습니다. Macmillan 사전에 따르면 "A new breed of traveler is mixing business with leisure on so-called bleisure trips."이라고 설명하는데, 우리나라 말로 번역하면 "새로운 유형의 여행자는 비즈니스와 레저를 혼합한 소위 블레저 여행이라는 것을 한다."정도일 것 같습니다.

이 용어는 2009년도에 처음 만들어졌다고 하는데, 그 당시의 의미는 주로 회사의 임원 같은 높은 직급의 회사원이 공식적인 비즈니스 출장 일정 전후로 하여 여유 시간에 레저 활동이나 관광 등을 즐기는 것을 의미하였습니다. 하지만 최근 들어서는 평범한 직장인들도 점점 워라밸을 중시하고, 회사도 이를 인정해주는 분위기가 확산되고 있습니다. 이에 따라 일반 직장인 출장러들도 출장지에서 평일 업무 시간에는 열심히 일하고, 업무 외 시간 또는 주말이나 개인 연차를 활용하여 휴가를 즐기는 모습을 심심치 않게 접할 수 있습니다. 하지만 이런 블레저 여행은 하고 싶다고 아무 때나 할 수 있는 것은 아닙니다. 회사 업무 상황, 출장 업무 진행 현황, 본인과 가족의 일정 등 여러 가지 조건들이 맞아야 가능하다는 것은 두말할 필요 없이 너무도 당연한 이야기입니다.

저는 이처럼 직장인들이 출장 전후로 개인 일정을 만들어서 혼자 또는 가족들과 즐기는 블레저 여행이 확대되는 것은 굉장히 좋은 트렌드라고 생각합니다. 하지만 출장 갈 때마다 주말이나 휴가를 이용하여 블레저 여행을 즐기는 것은 대한민국의 일반 직장인 출장러들에게는 불가능한 일입니다. 차라리 내가 산 잡코인이 1,000배 오르는게 빠를지도 모를 노릇입니다. 그래서 저는 대한민국 직장인 출장러들이 출장 자체를 즐기고 몸과 마음을 힐링할 수 있도록 블레저 여행의 범주를 조금 더 확장하고자 합니다. 업무 출장 중 혼자 또는 동료와 함께 공식 업무가 끝난 후의 여백 같은 시간 동안 즐기는 작은 여행까지 포함하여 블레저 여행이라고 부르고자 하는 것인데요. 예전에는 예상치 못한 여유 시간이 생겼을 때 갑작스레 무엇을 해야 할지 현지 정보를 찾기가 어려웠습니다. 하지만 요즘은 누구나 인터넷에 즉시 접속해서 최신 정보를 검색할 수 있는 스마트폰을 가지고 있습니다. 작은 관심과 능동적인 자세만 있다면, 이 똑똑한 기계를 활용하면 처음 가 보는 국가, 오랜만에 방문한 도시에서도 틈틈이 생기는 시간들을 그냥 무심히 흘려보내지 않고 보람차게 활용할 수 있습니다. 지역을 잘 아는 현지인 친구가 항상 내 곁에 있는 셈이죠!

# 블레저(Bleisure) vs 워케이션(Workation)

    **사실 블레저라는** 용어는 일부 여행업 종사자분들을 제외한 대부분의 독자님들께서는 처음 들어 보실 텐데요. 이에 비하여 워케이션(Workation)이나 디지털 노마드(Digital Nomad)라는 단어는 그래도 어디선가 들어 보셨을 것 같습니다. 아니면 이미 추구하시는 분들도 꽤 계실 거라고 생각되는데요. 그럼 왠지 비슷해 보이는 워케이션과 블레저의 차이를 좀 더 자세히 알아보겠습니다.

    뭔가 회사 업무와 개인 여행을 연결시킨다는 의미에서 워케이션(Workation)과 블레저(Bleisure)는 상당한 공통점이 있어 보입니다. 하지만 이들 사이에는 명확한 차이가 있는데요. 워케이션이라는 단어는

'일'을 의미하는 영어 단어 'Work'와 '휴가'라는 의미를 갖는 영어 단어 'Vacation'이 합쳐져서 만들어진 합성어입니다. 이것을 있는 그대로 해석하면 '일과 휴가를 함께하자.' 정도로 생각해 볼 수 있는데요. 워케이션을 우리 실제 직장 생활에 적용하면, 멋진 휴가지에서 업무 시간에는 일하고, 업무 시간 외에는 휴가를 즐기는 것 정도로 사용되고 있습니다. 어떻게 보면 원격 근무 형태 중 하나라고 이해할 수 있는데요. 2020년 전세계에 불어닥친 코로나 팬데믹 이후 기업들이 자의 반 타의 반으로 재택근무 도입을 확대하면서 새롭게 주목받게 된 근무 형태로 볼 수 있습니다.

2020년 전세계를 덮친 코로나 바이러스의 어마어마한 전염력으로 인해 사람이 모이는 것이 철저히 금지되었습니다. 붐비는 러시아워 시간대에 대중교통을 이용하여 출퇴근하는 것, 비좁은 사무실에 옹기종기 모여서 업무하는 것, 힘겨웠던 업무 시간 종료 후 삼삼오오 식당에 모여 직장 상사 뒷담화를 안주 삼아 소주 한 잔 하는 것 등. 그전까지 숨 쉬는 것처럼 당연하다고 여겨졌던 많은 것들이 일순간에 금지되었습니다. 하지만 직원들이 집에서 빈둥거리는 것을 두고 볼 수 없었던 기업들은 재택근무를 적극 도입하였고, 국가에서도 이를 적극 지원했었습니다. 덕분에 출퇴근 하느라 길 위에서 보내던 시간동안 개인 취미 생활이나 자기계발을 할 수 있었습니다. 별로 보고 싶지 않은 직장 상사의 얼굴을 마주하는 대신, 사랑스러운 아이를 돌보면서 일을 할 수도 있었죠. 아이

세 명과 집에 있는 것 보다 차라리 에어컨 빵빵하게 나오는 사무실에서 직장 상사와 함께 있는 것을 선택하겠다는 분들이 아예 안 계셨던 것은 아닙니다만. 여하튼 이렇게 직장인들을 열광하게 했던 재택근무는 발달된 IT 기술과 초고속 인터넷 망이 있었기에 가능했습니다.

이처럼 재택근무 도입이 늘어남에 따라 출근이라는 개념도 확대되었습니다. 코로나 팬데믹 이전에는 사람이 물리적으로 회사라는 공간으로 이동하여, ID카드나 지문 등을 이용하여 회사 관리 시스템에 본인의 존재를 인식시킨 후, 사무실의 자리에 앉아 개인 PC를 켜고 일할 준비를 하는 것이 출근이었습니다. 하지만 재택근무가 도입되면서, 지구상 어디서든 인터넷을 통해 회사 인트라넷 망에 접속하여 로그인하면 출근이 되는 것으로 바뀌었습니다.

이처럼 특정 시간과 장소에 구애받지 않고 유목민처럼 여기저기 자유롭게 이동하면서 일하는 사람을 디지털 노마드(Digital Nomad)라고 부르는데요. 이 용어는 1997년에 프랑스 경제학자 자크 아탈리가 '21세기 사전'에서 처음 사용하였다고 알려져 있습니다. 하지만 안타깝게도 디지털 노마드는 모든 직종의 직장인들에게 가능한 근무 형태는 아니었습니다. 주로 프로그래머, 작가, 디자이너, 컨설턴트, 콘텐츠 제작자, 온라인 강사 등 일부 직종만 가능한 것으로 여겨져 왔는데요. 그러나 무시무시한 코로나 바이러스가 전세계를 강타한 이후, 다양한 IT 기술이 접목되고 사회적 합의가 이루어지면서 이제는 더 많은 업종에서도 디지털 노마드 형태의 근무가 확산되었습니다. 아이러니하게도 누구도 예상치 못했던 전염병 창궐이라는 환경 속에서 더 많은 사람들이 자유롭게 일할 수 있는 기회를 누리게 된 것입니다. 하지만 2023년 5월 6일 드디어 WTO(세계보건기구)에서 코로나 엔데믹을 선언하고 일상으로의 복귀가 시작됨에 따라 여러 기업들이 재택근무를 줄여가는 추세입니다.

클라우드 사업으로 유명한 미국의 IT기업 A사는 직원들이 일주일에 최소 3일은 반드시 사무실에서 근무해야 한다는 방침을 세웠는데, 직원들이 이러한 새로운 방침에 대하여 강력하게 반발하였다고 합니다. 국내 기업들도 유사한 정책을 추진했는데요. 게임 회사들은 코로나 기간 동안 실시했던 재택 근무를 축소하거나 전면 폐지하였으며, 국내 최고의 인터넷 메신저 서비스를 제공 중인 K사는 사무실 출근을 우선으로 하는 '오피스 퍼스트' 근무제를 도입하기도 하였습니다.(기업들의 근무 형태는 해당 기업의 경영 상황에 따라 바뀔 수 있습니다.)

반면 블레저는 근무하는 곳의 위치에 대한 개념이 아닙니다. 직장인이 출장지에서 주어진 임무를 마친 후, 업무 외 시간 동안 본연의 임무에 지장 없는 범위 내에서 개인 혼자 또는 가족, 친구와 함께 여가를 즐기고 힐링을 한다는 개념입니다.

어쨌거나 블레저와 워케이션은 일과 휴가를 결합한다는 관점에서 상당히 닮아 있습니다. 하지만 블레저는 출장 간 곳에서 여유 시간에 레저와 여행을 즐기는 것, 워케이션은 휴양지에서 일하며 업무 종료 후 여가를 즐기는 것이라고 구분할 수 있을 것 같습니다.

사족입니다만 요즘은 '조용한 휴가(Quiet Vacationing)'가 국내외 MZ 직장인들 사이에서 유행하고 있다고 합니다. 정상 근무 중에 일하는 척하면서 사적 업무를 하며 쉬는 형태의 업무 태도를 의미하는데요. 특히 재택 근무가 가능한 직종의 직장인들이 휴가를 사용하지 않고 휴양지로 이동하여 일을 하기도 한다고 합니다. 방금 설명드린 워케이션과 비슷해 보이기도 하는데요. 워케이션은 회사에 자신의 위치를 알리고 휴양지에서 일을 하는데 반하여, 조용한 휴가는 회사에 근무지를 알리지 않는 것이 큰 차이점이라고 합니다.

# 왜 블레저인가?
# 블레저의 장점과 한계

———

　요즘 MZ세대를 중심으로 하는 젊은 직장인들은 '30~40년 동안 직장을 다니며 가족을 부양하고 자녀들을 교육하기 위해 돈을 벌어야 한다.'라는 전통적인 인생 계획에 대하여 동의하지 않는 분들이 늘어나고 있습니다. 대신 유연한 근무 환경, 자아실현 기회, 워라밸(Work-Life Balance) 등의 요소들을 중요시하며, 일에서 의미를 찾고 개인의 성장과 행복을 추구하는 삶을 더 중요하게 생각합니다. 그래서인지 불확실한 미래보다 현재에 더 집중하며 다양한 활동과 경험을 통해 인생의 만족을 추구하는 YOLO(You Only Live Once)족, 40대 이전에 경제적 자유를 통해 이른 은퇴 후 진정으로 원하는 삶을 조기에 시작하는 것을 목표로 공격적으로 돈을 모으는 FIRE(Financial Independence, Retire Early)족과 같은 삶의 방식도 유행하고 있습니다. YOLO족과 FIRE족이 행동하는 방법은 정반대지만, 궁극적으로 돈 때문에 회사에 얽매어 인생을 재미없이 소비하는 현실에서 벗어나고자 노력한다는 점에서는 비슷하다고 생각됩니다.

물론 이런 삶의 방식도 여러 좋은 점들이 있을 것입니다. 각자가 추구하는 인생에 정답이라는 것은 있을 수 없고, 각자의 길이 있을 뿐이라고 생각합니다. 그럼에도 불구하고 저는 AI 기술 발전에 따른 의학기술의 혁신을 절대 간과해서는 안 된다고 생각합니다. 의학 및 생명공학의 눈부신 발전으로 인하여, 인간의 수명이 길어지는 속도는 지금 우리가 예상하는 수준을 훌쩍 뛰어넘을 수 있다는 것이죠. 저는 2016년 3월 인간계 초고수 이세돌 9단과 그전까지 듣보잡 알고리즘 알파고의 대결이 있기 전까지, 바둑에서 알고리즘이 인간을 이기려면 100년은 족히 더 걸릴 거라고 생각했었습니다. 하지만 결과는 모두 아시는 바와 같습니다. 제가 대학원생 시절에는 한두 달은 족히 걸리던 연구를 지금 연구원들은 AI의 도움을 받아 1~2시간에 끝나버릴 수 있는 시대가 되어버렸습니다. 인간의 수명이 지속적으로 늘어나는 현재의 트렌드를 고려할 때, 미래에 대한 재정적 대비가 부족한 YOLO족들은 노후 시기에 상당한 리스크가 있을 수 있습니다. 파이프 라인을 잘 설계해 두어서 내가 자고 있는 동안에도 돈들이 나를 대신해 일하고 있다면 모를까, 내가 앞으로 몇 년을 더 살게 될지 모르는데 정기적으로 월급이 나오는 직장을 일찍 떠나는 FIRE족들도 위험이 있기는 마찬가지입니다. 혹시 예기치 못한 사건 등으로 큰 돈이 필요하여 일을 더 하고 싶어도, 일찌감치 끝나버린 업무 경력 때문에 급여가 좋은 양질의 일자리를 찾는 것이 쉽지 않을 수도 있습니다. 결국 충분히 만족스러운 생활을 즐길 수 있는 수준의 현금 파이프라인이 갖추어지기 전까지는 한 달에 한 번 따박따박 현금을 통장에 꽂아주는 직장에 다녀야 합니다. 그러면서 그곳에서 최대한 재미를 찾아야 한다는 것이 저의 생각입니다.

저는 가끔 금요일 저녁 퇴근 후 회사 동료들과 술 한 잔 마신 후 헤어지기 전에 로또 한 장씩 뽑고는 합니다. 이까짓 숫자 여섯 개만 맞추면 월요일에 당장 팀장에게 사표 던진다고 큰소리 치고 각자 집으로 헤어진 동료들. 그들이 월요일 아침, 막 시집 온 새색시 마냥 다소곳이 자리에 앉아있는 모습을 보자면 현실의 냉혹함을 다시금 깨달을 수 있습니다.

재력가 부모님을 둔 것도 아니고 투자해둔 주식이나 코인이 수백 배가 된 것도 아니면서, 잘 다니던 회사에 사표를 던지고 1년 간 세계 일주 여행을 떠나는 친구. 다녀온 이후는 일 년 뒤 나의 몫이라는 패기를 보면 진심으로 존경스럽기까지 합니다. 하지만 그런 야수의 심장을 갖지 못한 우리 평범한 직장인들에게는 내가 한 달 동안 죽어라 열심히 일했 건, 주위 시선은 신경 쓰지 않고 소신있게 내게 주어진 일했건, 눈치껏 월급 루팡을 했건 정해진 날이 되면 따박따박 나오는 월급은 절대 포기할 수 없는 소중한 것입니다. 그래서 저는 지옥보다는 한결 양호하다는 전쟁터 같은 직장을 오래 다니기 위하여, 좀 더 재미있게 회사 다니는 방법을 찾게 되었는데 그것이 바로 블레저입니다. 저는 어떤 의미에서 스스로를 운수 좋은 직장인이라고 평가하는데요. 저는 20년 넘게 직장생활을 하면서 어느 시기에는 해외 출장은 1~2년에 한 번 다니며 국내 출장을 한 달에 두세 번 꼴로 다니던 시기가 있었습니다. 또 어떤 시기에는 해외 출장을 1년에 6~7번씩 다니기도 했습니다. 물론 직장인 마다 다니는 회사가 다르고, 회사가 속한 사업 분야나 규모도 다릅니다. 또 그 조직에서 각자 담당하는 업무가 다양하기 때문에 업무 출장이라는 것이 각 개인마다 상당히 다른 의미를 가질 수밖에 없습니다. 하지만 어느 회사에서 무슨 일을 하건 간에 어느 정도 회사 경력과 업무 노하우가 쌓이고 나면, 내가 미리 예상해서 주도적으로 스케줄이나 동행자 등을 조정할 수도 있는 출장이 종종 생기기도 합니다. 게다가 가끔은 정말 가보고 싶었던 도시나 국가로의 출장 기회가 운 좋게 다가올 수도 있습니다. 지금도 자주 만나 술 한 잔 기울이는 전 직장 후배 김모 차장은 하와이 출장이라는 엽기적인 기록을 가진 인물입니다. 여행사 직원도 아닌데 말이죠. 남들은 겨우 신혼여행 때나 가보는 하와이에 회삿돈으로 출장을 가서, 업무 후 유유자적하며 와이키키 해변을 거니는 사진을 찍어 SNS에 자랑질을 했었습니다. 본인에 따르면 숨쉬는 것도 가끔 잊어먹을 만큼 업무 시간에 열심히 일하고 나서, 저녁 때 초췌해진 모습으로 퇴근하는 불쌍한 직장인의 모습을 담은 사진이라는 주장이긴 했습니다만. 사진의 핵심 주제는 초췌한 직장인 출장러이지, 와이키키 해변이 아니라는 것이었죠. 하지만 그 말을 곧이곧대로 믿는 사람은 단 한 명도 없었습니다. 또 다른 지인은 업무 부담이 크지 않은 파리 출장을 원래 가려던 동료에게 갑자기 일이 생기는 바람에 대신 다녀오셨다는 분도 계십니다. 게다가 파리행 항공권을 늦게 예약한 탓에 어쩔 수 없이 비싼 항공권(같은 이코노미석이라도 부킹 클래스(Booking Class)라고 하는 등급이 있습니다.)을 구매하게 되었는데요. 이 바람에 출장 당일 비행기를 탑승할 때 좌석이 비즈니스석으로 업그레이드되는 행운까지 겹쳤었습니다. 여하튼 간에 직장 생활을 하게 되면 많건 적건 피할 수 없는 출장을 귀찮게만 바라볼 것은 아니라는 말씀을 드리고 싶습니다. 오히려 회사로부터 교통비, 숙박비, 식비 등을 지원받는 데다가 내가 조금만 시간과 노력을 들여 준비하면 꽤 훌륭한 여행 기회를 만들 수도 있다는 점을 항상 염두에 두고 회사를 다녔으면 합니다. 처음 가보는 도시로 떠나는 항공권의 비용은 회사 출장 계정에서 지급하고, 출장지에서 처음 보는 음식을 먹으며 법카로 결제하며, 나와 다른 언어를 사용하는 사람들과 부딪히고, 새로운 공기를 폐 속에 담아보는 것. 이것이 제가 생각하는 블레저 여행의 장점이며, 출장 좀 다니시는 직장인 출장러들이라면 꼭 관심을 가져야 할 사항이라고 생각합니다. 말이 조금 거창해진 감이 있습니다만, 사실 거의 모든 직장인들이 출장 다니면서 알게 모르게 조금씩이라도 업무 이외에 개인 재미를 추구하고 있었을 텐데요. 이것을 좀 더 계획적이면서 당당하게 실행하는 것이 블레저라고 할 수 있겠습니다.

한편 블레저 여행의 한계는 명확합니다. 내가 가고 싶은 순간에 내가 함께 가고 싶은 사람과 내가 가고 싶은 곳을 갈 수는 없다는 것입니다. 예전에 제가 직장생활 중 슬럼프에 빠져서 너무 힘들어하며 모든 일에 의욕을 잃고 괴로워하고 있을 때 친한 선배님께서 해 주신 주옥 같은 말씀이 생각납니다. "임마, 회사 생활이 재미있으면 회사에 돈 내고 다녀야지~!" 그렇습니다. 회사는 재미있자고 다니는 곳이 아니고 돈 벌기 위해 다니는 곳입니다. 그런 회사를 다니면서 가게 되는 출장 또한 재미있자고 가는 것이 아니고 궁극적으로는 회사에 돈을 벌어 주기 위해서 가는 것이겠죠. 그러니 회사가 원하는 시간에 회사가 원하는 곳으로 회사가 보내는 사람들끼리 가서 회사에 돈 벌어주는 업무를 위해 가는 것이 출장입니다. 누구나 알고 있는 이야기를 마치 저만 아는 대단한 노하우인양 너무 장황하게 이야기를 했는데요. 회사 오너나 고위 임원 정도가 아닌 다음에야 출장을 가서 마음대로 할 수 있는 직장인은 거의 없습니다. 그런 명확한 한계는 인정하고서 출장을 블레저 여행으로 만들 방법을 본인의 상황에 맞게 궁리해 보면 분명 좋은 아이디어가 떠오를 것이라고 생각합니다.

하지만 안타깝게도 이런 말씀하시는 분들도 계실 것 같습니다. "어느 곳이든 사무실 밖으로만 나가기만 해도 좋겠어. 나는 업무상 출장을 갈 일이 거의 없어." 라구요. 그렇습니다. 근본적으로 블레저 여행이든 뭐든 하려면 업무 출장을 나가야 할 텐데 회사 직무상 출장이 적은 보직도 분명히 있습니다. 회사마다 차이야 있겠습니다만, 총무팀, 인사팀, 기획팀, 회계팀, 법무팀과 같은 스탭 부서는 외부 출장이 상대적으로 적은 편입니다. 반면 영업팀, 현장 프로젝트팀, AS팀과 같은 부서는 상대적으로 출장이 많을 것입니다. 기본적으로 현재 처해 있는 상황은 당장은 어쩔 수 없습니다. 하지만 내성적인 성격상 내근 업무가 좋다면 모를까, 그렇지 않다면 회사에서 종종 있는 업무 로테이션이나 내부 전배 기회를 적극 활용해서 출장과 외근이 있는 부서로 이동하는 것도 나쁘지 않다고 생각합니다. 그러기 위해서는 평소에도 같은 팀 동료들뿐만 아니라 타 부서의 직원들과도 많이 교류하며 좋은 인상을 남겨 두는 것이 중요합니다. 기회가 있을 때 유관부서 임원 팀장들께 눈도장 확실하게 찍어두는 것도 필수입니다. 그렇게 준비하다 보면 기회가 왔을 때 놓치지 않을 수 있을 것입니다. 어쩌다 보니 회사 생활 지침서에나 나올법한 이야기까지 하게 되었는데요. 이러한 것들이 회사 생활을 길고 즐겁게 유지하기 위한 방법이라고 이해하시면 좋을 것 같습니다.

여하튼 내가 가고 싶은 곳을 갈 수 없고, 회사의 필요에 의해 정해진 곳으로 가야 한다는 것은 블레저 여행의 명확한 한계입니다. 하지만 이런 단점을 긍정적으로 바라볼 수도 있는데요. 내 돈 내고는 가지 않을 곳을 회삿돈으로 가볼 수 있다는 것입니다. 어차피 여행이라는 것이 지금까지 못해봤던 새로운 경험을 해보는 것인데 이런 기회를 회사가 만들어 주는 것이죠. 저는 기술 영업을 하던 시절에 해외 출장으로 방글라데시, 콜롬비아, 사우디아라비아, 쿠웨이트, 모잠비크와 같은 여행지로서는 그다지 인기가 없는 국가들을 다녀온 경험이 있는데요. 이들 국가들이 비싼 돈을 들여 여행을 가볼 만한 곳인지는 개인 취향의 영역이겠습니다만, 회사 비용으로 다녀오기에는 나쁘지 않았습니다. 이것도 블레저 여행의 장점 중 하나라고 볼 수 있겠습니다.

사실 블레저라는 신조어를 모르는 직장인들도 시나브로 블레저를 대물림하여 왔습니다. 출장은 업무의 연장이기도 하지만 활용하기에 따라 알찬 보상이 될 수도 있다는 것을 이미 많은 직장인들이 선배들의 노하우를 배웠거나 개인의 경험을 통하여 알고 있습니다. 회사 비용으로 출장을 가서 업무를 마치고 난 후, 직장 상사의 감시를 벗어나서 여유 시간에 즐길 수 있는 블레저 여행은 직장인만 누릴 수 있는 특권이자 기회입니다. 하지만 원한다고 모든 직장인이 만끽할 수 있는 것은 아닙니다. 처한 상황이 다른 직장인 모두가 동일하게 블레저를 즐길 수는 없습니다. 하지만 기회는 항상 예고 없이 찾아오는 법. 출장 준비할 때 미리 준비를 하고 있다가 기회가 왔을 때 너무 무리하지 않는 선에서 적극적으로 추진해 볼 것을 권해드립니다.

# 블레저 하면 회사는 손해?
## 회사와 직원 사이의 윈-윈 전략

    **블레저의 장점을** 열심히 설명하다 보니, 너무 직원 입장에서만 말씀 드린 것 같습니다. 회사 입장에서는 적지 않은 비용과 시간을 투자하여 직원을 출장 보내는 것인데, 일은 대충하고 적당히 놀다가 오라고 독려하는 것으로 오해될 수 있다는 생각이 드네요. 회사를 운영하시는 사장님이나 고위층 임원들께서는 '뭐 이런 한심한 생각을 하는 녀석이 작가 랍시고 책을 쓴담?' 이라고 생각하시며, 이 책이 별로 달갑지 않으실 것 같은데요. 하지만 블레저 여행은 결코 일을 소홀히 하라는 의미가 아닙니다. 오히려 출장 중에 여가를 즐김으로써 업무의 질을 높이고, 직원들의 워라밸을 높이는데 기여할 수 있다는 점을 강조하고 싶습니다. 출장과 여행이 결합된 블레저를 통해 직원들은 애사심을 가지고 더 의욕적으로 일할 수 있으며, 회사에도 긍정적인 영향을 미칠 것입니다. 이 책에서는 그런 균형 잡힌 접근법을 제안하여 회사와 개인 모두에게 도움이 되고자 하는 것입니다.

실제로 요즘 직장인들은 회사의 복지제도에 자부심을 느끼고 있으며, 더 나아가 좋은 복지제도는 회사를 오래 다니게 하는 효과적인 유인책 중 하나라고 생각하고 있습니다. 그래서 최근에는 많은 회사들이 우수한 직원을 채용하기 위하여, 급여 뿐만 아니라 직원 복지에도 엄청나게 공을 들이고 있습니다. 상당한 비용을 들여서 경쟁사와 차별화된 새로운 직원 복지제도를 도입하고, 이를 홍보하는 기업들이 점차 증가하고 있습니다. 저는 이처럼 직원 복지 향상에 진심인 기업들이 블레저 여행을 공식적으로 도입한다면, 회사에서는 실제 투자 비용 대비 상당한 이점을 얻을 수 있다고 생각합니다. 그럼 회사 입장에서 직원들이 블레저 여행을 즐기게 되면 생기는 장점들을 생각해 보겠습니다.

### ① 직원의 업무 만족도 향상 및 애사심 증가

회사 입장에서는 해결해야 할 업무 때문에 적지 않은 비용과 시간을 투자하여 직원을 비행기 태워 먼 곳으로 보냅니다. 직원을 내보낸 김에 어차피 소진해야 하는 개인의 휴가를 사용하고, 본인 돈을 써서 리프레시를 하고 온다면 회사로서는 절대 손해 보는 장사가 아닙니다. 어차피 출장만 보내더라도 오갈 때 기본적으로 소요되는 비용과 시간이 있는데, 직원 개인이 본인의 돈과 휴가를 사용하여 블레저 여행을 즐기는 것이거든요. 게다가 요즘같이 직원들이 워라밸을 중요시하는 때라면, 힘든 출장 후 꿀맛 같은 휴가를 연결해서 보내는 것만으로도 직원들의 회사에 대한 애사심 향상에도 기여할 수 있습니다. 악몽 같았던 코로나 팬데믹 시절, 기업들이 어쩔 수 없이 실시하였던 재택근무가 어떤 면에서 꽤 괜찮은 직원 복지의 하나로 비추어졌던 시절이 있었습니다. 하지만 회사 입장에는 추가적인 비용이 투입되는 것이 아니며, 오히려 직원들이 사무실에 출근을 하지 않음에 따라 아껴지는 비용도 있었습니다. 이처럼 블레저 여행도 회사로서는 추가로 투입하는 재화 없이 직원 개인의 돈과 시간을 사용하면서도 훌륭한 회사 복지 혜택의 하나로 어필할 수 있다는 것입니다.

특히나 요즘은 SNS가 활성화 되어있는 시대입니다. 직장인들 커뮤니티의 '구내식당 메뉴 자랑' 게시판에 올라온 회사 구내식당의 푸짐하면서 맛깔스러운 점심 식사 사진 한장에는 '회사 복지 대박이네요.', '이직하고 싶네요.', '우리 회사 점심을 먹다 보니 자괴감이 드네요.' 등의 댓글이 넘쳐나고 있습니다. 그런데 상상해 보십시오. 출장 간 직원이 주어진 업무를 확실하게 마친 후, 개인 연차와 비용을 사용하여 즐기던 블레저 여행 중 SNS에 올린 사진 한 장. '오랜만에 두바이에 출장 왔는데, 상무님께서 바로 귀국하지 말고 두바이에서 휴가 좀 소진하고 오라고 하시네… ㅋㅋㅋ 연차내고 점심 때 부르즈 할리파 놀러 갔다가 두바이 몰에서 쇼핑 중' 이라는 메시지. 직원 입장에서는 본인 연차 사용하고 본인 돈으로 여행하는 것이고, 회사 입장에서는 어차피 소진해야 할 직원 개인 연차를 한국에서 사용하는 대신 해외에서 사용할 수 있도록 배려해 준 것뿐입니다. 하지만 회사 직원의 SNS 팔로워들은 이렇게나 배려심 깊고 직원을 생각하는 훌륭한 회사에 다니는 직원을 요즘 시쳇말로 개 부러워할 것입니다. 그에 비하여 회사에서 추가로 투입해야 할 재원은 거의 없거나, 있더라도 얻어지는 효과를 고려하면 상대적으로 적은 수준입니다.

## ② 직원들의 유급 휴가 소진

우리나라에서는 법적으로 일정 규모 이상 회사에서 근무하는 근로자가 1년의 80% 이상 근무를 하게 되면 1년중 15일의 유급 휴가가 발생하게 됩니다. 이것을 일반적으로 연차라고 부르며, 대부분의 회사에서는 직원의 근속 연수가 늘어날수록 연차 개수도 증가하게 됩니다. 개인 연차는 직원 개인이 원하는 날짜를 선정하여 자유롭게 사용할 수 있도록 법으로 규정되어 있습니다. 이러한 연차는 유급휴가이기 때문에, 해당 연도에 연차를 모두 사용하지 않으면 남은 연차는 법에 따라 회사가 개인에게 보상을 해주어야 합니다. 직원들을 휴가 보내는 것보다 일 시키고 나서 나중에 휴가비를 보상해 주는 것이 경영상 이득일 정도로 회사의 사업이 너무 잘 되고 있다면 걱정할 필요가 없겠지요. 하지만 대부분의 회사들은 직원들에게 연차 수당 지급하는 것을 부담스러워하기 때문에, 평소에도 연차 사용을 적극 권장하고 있습니다. 샌드위치 데이(휴일 사이에 끼어있는 평일)에 연차 사용, 명절 연휴 앞뒤에 연차 사용, 연말에 1주일 정도 일괄 리프레시 휴가 사용 등 다양한 방법을 동원하여 직원들의 연차 소진을 적극적으로 독려하고 있습니다. 이러한 연차 소진 활동의 일환으로 업무 출장과 연계하여 개인 휴가를 활용한 블레저 여행을 적극 활용하자는 것입니다. 이를 통해 직원들의 적절한 휴식과 회사 비용 절감이라는 두 마리 토끼를 잡을 수 있습니다.

### ③ 직원들의 동기 부여

모든 직원들이 서로 가고 싶어 하는 출장, 속된 말로 꿀 빠는 출장도 가끔 있기는 합니다. 하지만 대부분의 회사에서 그런 출장은 그리 많지는 않습니다. 그리고 그런 편한 출장은 지원자가 많기 때문에 임원이나 관리자 입장에서는 걱정할 필요도 없습니다. 문제는 지역도 별로 좋지 않고 업무도 난이도가 있어서 직원들이 꺼리는 출장입니다. 물론 회사에서 가라면 어쩔 수 없이 다녀야 오겠지만 업무 효율도 떨어지고 직원들 마음 속에는 회사에 대한 불만도 쌓여갈 것입니다. 이렇게 어려운 출장이 있을 때 블레저를 활용하면 어떨까요? 업무를 성공적으로 마치고 나면 주말과 개인 연차를 이용하여 출장지 인근 또는 항공편 경유지 등에서 휴가를 즐기도록 권장하는 것이죠. 정말 어려운 임무였다면 블레저 여행기간 중 일부 식사 비용 정도를 회사에서 지원해주는 것도 좋을 것 같습니다. 직원들 입장에서는 출장에 대한 동기 부여가 될 수 있고, 회사 입장에서는 어차피 소진해야 할 직원 개인 연차를 활용하여 직원 개인의 리프레시도 돕고 업무 효율도 향상될 것입니다.

기업 입장에서는 이러한 블레저 여행을 직원들의 업무 효율이나 만족도를 높이는 기회로 적극 활용할 수 있습니다. 어쨌거나 블레저는 공식 업무 일정을 마치고 개인이 여행을 즐기는 방식이기 때문에 직원들이 공식 업무 처리에 더욱 집중하여 치밀하고 신속하며 확실하게 업무 처리를 하기 위한 동기부여 효과도 클 것입니다.

### ④ 우수한 인재 유치

앞서 설명한 내용과 일부 중복되는 부분이 있습니다만, 회사에서 블레저 여행을 적극적으로 지원한다는 것은 그만큼 회사가 직원의 웰빙(Well-being)과 워라밸(Work and Life Balance)에 관심을 갖고 직원 개인의 일과 삶의 균형을 중요시한다는 것을 보여줄 수 있습니다. 최근 들어 많은 젊고 우수한 직원들이 회사를 선택함에 있어서 급여만큼이나 복지와 워라밸을 중요시하고 있습니다. 직원 복지랍시고 주말에 진행하는 회사 체육 대회, 부장들만 좋아한다는 회식 등은 투입된 비용 대비 효과가 별로 없습니다. 오히려 돈은 돈대로 쓰고 욕먹는 경우도 있습니다. 진정으로 직원들이 원하는 복지제도가 필요한데요. 블레저 여행이 그러한 해결책 중 하나가 될 수 있을 것입니다.

### ⑤ 출장 경비 절감

일부 경우에는 직원이 업무 출장과 개인 여행을 함께 진행함으로써 회사 비용을 절감할 수도 있습니다. 해외 출장시 가족을 동반하는 경우의 예를 들어보겠습니다. 일반적으로 직장인 혼자 출장을 간다면 항공권 금액은 고려하지 않고 출장 일정만을 고려하여 FSC(Full-Services Carrier)국적기를 이용하려고 할 것입니다. 하지만 가족과 함께 이동해야 한다면 어떨까요? 개인 비용으로 구매해야 하는 가족들 항공권 가격을 고려하여 합리적인 가격대의 항공권을 구매하려고 할 것입니다. LCC(Low Cost Carrier)를 타거나, 비용 절감을 위해서 경유 항공편을 선택할 수도 있겠죠. 이런 경우 회사가 지불해야 하는 직원의 항공권 가격이 절감될 수 있습니다. 또한 대부분의 숙소의 경우 숙박 기간이 길어질수록 하루 체류비가 절감됩니다. 예를 들어 기본적인 하루 숙박비가 100 USD인데, 7일 이상 숙박할 경우 하루 숙박비를 80 USD로 할인해 주는 경우가 있을 수 있습니다. 이 경우 직원이 출장을 위하여 5일간 숙박을 한다고 하면 회사는 하루에 100 USD를 지불해야 하지만 직원이 개인 휴가와 주말을 사용하여 7일간 숙박한다고 하면 출장 기간에도 하루에 80 USD만 지불할 수 있을 것입니다. 물론 이러한 재수 좋은 상황이 항상 있다고 볼 수는 없습니다. 하지만 회사 비즈니스 출장과 직원 개인의 블레저 여행을 결합하여 회사의 출장계정 비용 절감 방안을 적극 검토해볼 필요도 있습니다.

회사 입장에서 블레저를 도입하면 생길 수 있는 이점들을 살펴보았습니다. 즐겁게 일하면 업무 효율이 오르는 것은 당연합니다. 특히 개인 만족도와 효율성을 중시하는 요즘 젊은 MZ 세대에게 수십 년간 이어져 온 천편일률적인 조직 문화에 무조건 맞추어 생활할 것을 강요하는 것은 그다지 바람직한 조직 운영 방향은 아닙니다. 그 대신 회사별로 처해있는 상황들을 고려하여, 회사의 예산 및 인프라가 감당할 수 있는 범위 내에서 블레저 여행을 적극적으로 도입하고 활용한다면 직원들의 직장생활 만족도 향상에 긍정적인 영향을 끼칠 것이라고 확신합니다. 이처럼 공식 업무 완료 및 완성도에 지장을 주지 않으면서, 공식 출장 업무와 명확하게 구분하여 개인 블레저 여행을 활용하는 것은 회사와 직원 모두에게 윈윈 상황이 될 것입니다.

어차피 직원들의 연차는 직원 스스로 필요에 따라 자유롭게 사용하는 것입니다. 회사는 단지 개인 연차를 직원이 익숙한 집을 떠나 새로운 곳에 출장 갔을 때 연계하여 사용할 수 있게 배려해 주는 것뿐입니다. 이로써 회사는 별도의 추가 비용을 들이지 않고도 직원을 진심으로 아끼고 존중하는 기업이라는 명성을 얻을 수 있을 것입니다.

# 블레저 여행 도입시 회사와 직원간 명확히 할 점

　회사에서 블레저 여행을 공식적으로 도입하여 잘만 활용한다면, 회사와 직원 모두에게 상당한 이점이 있을 수 있습니다. 하지만 이러한 블레저 여행을 본격적으로 활성화하기에 앞서서, 회사와 직원 개인간에 명확히 해야 할 점들도 있습니다.

### ① 업무 출장기간에만 산재 인정이 가능함

　직원의 안전을 지키는 것은 회사의 의무 중 하나입니다. 따라서 직원이 업무 처리를 위하여 원격지로 출장을 간 경우, 출장 업무 중 발생한 부상에 대하여도 산재가 적용될 수 있습니다. 하지만 업무 이외의 시간에 개인 레저/여행을 즐기다 발생한 사고나 부상에 대하여는 회사의 산재 보상 범위를 벗어나게 됩니다. 특히나 업무 출장 중 개인 블레저 여행시에는 산재 적용 범위가 애매할 수 있습니다. 따라서 회사에서는 직원이 업무 출장 겸 블레저 여행을 할 때 산재 적용 범위를 명확히 할 필요가 있으며, 직원은 이를 이해하고 정확히 지켜야 할 것입니다.

### ② 명확한 출장 여비 규정

출장지로의 이동에 필요한 왕복 항공요금, 현지 교통비, 식대, 숙박비 등은 기본적으로 회사에서 지급해야 할 출장 여비입니다. 하지만 개인 블레저 여행에 소요되는 추가 숙박비와 식비, 가족 및 동반자의 사용 비용, 레저 활동 비용 등은 개인이 지출해야 한다는 것을 회사 규정으로 명확히 해둘 필요가 있습니다.

### ③ 출장자로서의 본분을 잊지 않을 것

아무래도 출장과 여행을 함께 한다면 마음이 느슨해지기 쉽습니다. 이로 인하여 개인 여행에 집중하느라 회사 업무를 소홀히 하는 일은 절대 있어서는 안 됩니다. 또한, 업무 출장이 종료된 후 개인 휴가를 즐기는 기간에는 회사와 관련된 업체에 개인 휴가를 위해 무리한 부탁을 하지 않도록 주의해야 합니다. 이런 점들을 사전에 명확히 하기 위해 회사는 내부 규정을 마련할 필요가 있습니다.

이 외에도 출장을 가는 직원 입장에서는 출장지에서 이동 반경을 최소화하는 것이 좋습니다. 출장지에서 멀리 떨어진 지역까지 무리하게 개인 여행을 다니는 바람에 쌓인 피로가 업무에 영향을 끼칠 수 있는 상황은 절대 피해야 합니다. 또한 블레저 여행을 위하여 친구나 가족 등 누구와 동행을 하게 되는 상황도 중요한 문제입니다. 특히 해외 출장을 떠나기 전에는 미리 함께 출장을 진행할 동반자와 직장 상사에게 사전에 양해를 구해두는 것이 좋으며, 미리 블레저 여행 계획을 공유해 두어야 혹시라도 일어날 수 있는 예상치 못한 사고에 대하여 효과적으로 대응할 수 있습니다. 이렇듯이 회사 업무와 개인 업무를 결합해 진행함으로써 얻을 수 있는 이점도 많지만 사전에 명확하게 해야 할 것도 있습니다. 무엇보다 중요한 것은 회사와 직원이 서로 윈윈할 수 있도록 직원 개개인이 블레저 여행시에 정확하게 선을 지키며 슬기롭게 이용하는 자세라고 생각됩니다.

## 블레저 여행의 확장

    **공식적인 출장 일정에** 주말이 포함되어 있다거나, 출장 기간 전후에 개인 휴가를 붙여 사용하여 여행을 함께할 수 있다면 더 없이 좋겠지요. 하지만 현실로 되돌아와서 보면 그렇지 못한 경우가 훨씬 더 많습니다.

    그래서 저는 '출장 자체를 즐길 수는 없을까?' 라는 생각을 하게 되었습니다. 예를 들면 어느 도시에 1박 2일 일정으로 출장을 다녀온다고 생각해 보겠습니다. 그냥 출장 업무상 방문하는 고객사 사무실과 가까운 데 있는 숙소에서 묵을 것인가요? 조금 부지런 떨며 움직이면 무료로 제공되는 아침 뷔페가 생각보다 먹을 만한 호텔에서 숙박할 수 있습니다. 의류 관리기가 각 객실마다 설치되어 있어 냄새 나지 않고 주름 없는 깨끗한 옷을 입고 기분 좋게 하루를 시작할 수 있게 도와주는 숙소도 있습니다. 프린트와 스캔이 가능한 복합기를 무료로 편리하게 이용할 수 있어서, 갑자기 회의 자료를 인쇄해야 하는 등 긴급 상황에 대처할 수 있는 곳이라면 어떨까요? 숙소 책상이 내 키에 맞춰 높이 조절이 된다면요? 룸의 창문을 통해 일출을 볼 수 있는 곳이나 근처에 괜찮은 공원이 있어서 아침이나 저녁 때 상쾌하게 산책을 할 수 있다면 또 어떨까요? '뭐, 하룻밤 자고 오는 거 대충 있다 오면 되지. 작가 양반 되게 까다롭구먼.'이라고 하실 분도 계실 텐데요. 회사 돈으로 가는 출장이지만 좀 더 잘 다녀오면 좋지 않을까요?

식사는 어떤가요? 요즘은 조금이라도 유명세를 탄 식당들은 전국 각지에 지점을 오픈한 경우도 많습니다. 그렇더라도 저는 그 식당의 본점에 가서 먹어 보는 것은 색다른 느낌을 가질 수 있어서 좋아합니다. 뭐랄까 분점에서는 느낄 수 없었던 그 식당의 내공이나 아이덴티티랄까? 아무리 기술이 좋아졌어도 전라도에 있는 수십 년 된 노포에서 먹는 콩나물 해장국의 감동을 서울의 최신식 쇼핑센터에 입점한 분점에서 100% 재현할 수 있다고는 생각지 않습니다. 그래서 시간만 허락한다면, 전국적으로 유명한 프랜차이즈 식당 보다는 그 지역의 주민들이 추천하는 오래되고 유명한 로컬 식당을 꼭 들르려고 최선을 다하고 있습니다. 가끔은 입에 안 맞기도 하는데, 그래도 저는 그런 것들이 재미

있습니다. 기억에도 오래 남구요. 저는 하다 못해 저녁 식사하며 반주로 소주 한 잔할 때도 꼭 그 지역 소주를 즐깁니다. 전국구 소주는 언제 어디서나 마실 수 있으니까요. 집을 떠나 새로운 동네에 방문한 김에 그 지역에서만 만날 수 있는 소주를 마시며 색다른 개성을 찾아보고 느끼는 것을 좋아합니다. 그렇게 지역 소주를 마시면서 옆 테이블들을 힐끔 쳐다보면, 그 지역 분들은 모두 전국구 소주를 드시고 계시기는 합니다만. 물론 출장 목적지 근처의 유명한 프랜차이즈 식당에서 한 끼 드시는 것이 시간은 훨씬 아낄 수 있고, 맛도 어느 정도 보장한다는 것을 저도 잘 알고 있습니다. 하지만 조금 심심하지 않나요? 출장 간 김에 시간 내서 거창하게 여행까지는 못하더라도, 그 지역의 개성 넘치는 한끼 식사만으로도 그 지역을 기억하기에는 충분합니다. 저는 국내든 해외든 처음 방문한 곳이나 오랜만에 다시 찾은 곳에서는 가족이나 친구들을 위해 무엇 하나씩 사오는 것을 좋아합니다. 부산에 갔다면 부산에서도 맛있기로 유명한 어묵을 사오고, 대전에 갔다면 고로케로 유명한 제과점에 들르는 것을 잊지 않습니다. 물론 시간이 허락할 때 이야기입니다만. 사우디아라비아나 UAE 등 중동지역으로 출장을 가면 대추야자를 사오고, 인도에 가면 수분크림과 천연비누를 사옵니다. 미국에 갔다면 현지에서 핫한 마트에서 판매하는 가성비 최고의 핸드 크림도 **빼놓을** 수는 없습니다. 직접 사용해도 좋고, 지인들에게 선물하기도 적당합니다. 콜롬비아에 가서는 커피 원두로 캐리어의 반을 채웠고, 모잠비크에서 귀국할 때는 에그타르트를 사서 가방에 넣고 20시간을 넘게 날아왔던 적도 있습니다. 호주에 가면 양털로 된 어그 슈즈도 한 켤레를 사와야 합니다. (참고로 품질 좋은 양털로 만든 어그 슈즈는 맨발로 신어야 그 진가를 알 수 있습니다.) 물론 요즘은 우리나라에서 웬만한 것들은 모두 구할 수 있습니다. 하지만 현지에서 직접 사온 것과 정식 수입되어 포장에 한글 설명이 쓰여 있는 것은 느낌이 다릅니다. 한국화 되지 않은 로컬의 소울이 담긴 느낌이랄까요? 그리고 그런 것들을 지인들께 선물하면, 더 기뻐하시고 멀리 물 건너온 물리적 거리 만큼이나 기억도 오래 해 주십니다. 선물의 90%는 주는 사람의 정성이니까요. 받으시는 분은 의견이 조금 다를지도 모르겠습니다만.

저는 이렇게 출장 자체를 좀 더 적극적인 자세로 즐기는 행위까지도 어떤 의미에서는 블레저 여행에 포함되는 것이라고 생각해 보았습니다. 어떤가요? 지금까지 의무감으로 재미없게 다녀왔던 업무 출장. 앞으로는 이것을 즐겨볼 수 있겠다는 생각이 들지 않나요? 이를 위해 필요한 건 우리 출장러들의 약간의 사전 준비와 적극적 자세뿐입니다.

블레저's 노하우 1
## 해외 출장 준비물 및 확인 사항

### 여권

여권 유효기간 확인(출국 예정일 기준 여권 유효기간이 6개월 이하라면 해당 국가의 입국 기준을 정확히 확인할 것). 핸드폰에 여권 사진을 찍어 저장해두고, 복사도 한 장 해서 따로 가지고 다니면 여권 분실 사고 때 유용함.

### 항공권

출국 날짜, 시간, 공항 & 터미널 등을 확인하고, 가능하면 모바일 체크인을 해둘 것. 역시 e-ticket을 캡처해서 핸드폰에 저장해두고, 한 부 인쇄해서 가지고 다니면 핸드폰 분실, 인터넷 연결 불가 등의 위급 상황에서 유용함. 귀국 일정이 확정되지 않은 출장의 경우 한국에서 출발 시 리턴 항공편을 예약하지 않고 출국하는 경우도 있을 수 있는데, 일부 국가는 입국 심사 때 출국 항공티켓까지 확인할 수 있으니 주의할 것. 이 경우 비싸더라도 취소 수수료가 없는 항공권을 구매해두고, 해당 국가에서 입국 수속 완료한 후에 취소하면 됨.

### 비자

입국시 비자가 필요한 국가로 출장시에는 미리 받아두고, 유효 기간, 채류 기간 등을 확인할 것. 현지에서 도착 비자(Arrival VISA) 발급이 가능하더라도, 한국에서 비자를 받을 수 있다면 사전에 발급받아서 가는 것을 추천.

### 숙소

예약 바우처를 핸드폰에 저장해두고, 주소 및 전화번호 등이 표시된 바우처를 한 부 인쇄해 갈 것. 공항에서 숙소로 이동 방법도 확인해 둘 것.

### 로밍

출장 국가, 체류 일정 및 개인 데이터 사용량 등을 고려하여 로밍 할 것. 출장 기간이 길다면 현지 유심칩 구매를 추천.

### 환전

국내 은행에서 해당 국가의 화폐로 환전이 가능한 국가로의 출장시에는 해당 국가의 화폐로 환전해 가는 것이 편리함. 인터넷으로 환전하면 수수료가 저렴하며, 해외에서 사용시 결제 수수료가 없는 선불식 충전 카드 발급도 고려해 볼 것. 비상금으로 미국 달러(USD)를 가져가면 비상시 유용함.(주의 : 공항에서 출국 수속을 하고 면세 구역으로 들어가면 현금을 찾을 수 있는 ATM 없음. 가지고 있는 현금만 환전 가능)

### 접종 증명서

국가별로 요구하는 예방 접종 증명서(COVID-19, 황열병 등)를 사전에 준비해갈 것.

### 노트북

기내 수화물로 가지고 탑승할 것. 노트북을 위탁 수하물로 보낼 경우 배터리가 문제될 수 있으며, 충격으로 인한 고장 가능성도 있음. 항공편을 환승하여 출장지로 이동해야 하는 경우, 환승시 공항/항공기 사정으로 연결 항공편에 짐이 실리지 못하는 경우도 종종 있음.

### 업무용 준비물

업무에 필요한 회의 자료, 명함, 레이저 포인터, 다이어리, 펜, 마우스, HDMI 케이블 등

### 업무 복장

(1) 영업 또는 공식적인 회의: 정장 상하의, 넥타이, 흰색 긴팔 와이셔츠, 정장 보다 진한 색상 양말, 구두

(2) 캐주얼한 미팅 또는 현장 업무 : 비즈니스 캐주얼, 작업하기 편한 옷

### 평상 복장

편안한 외출용 평상복, 숙소에서 입을 반팔/반바지, 갈아입을 속옷, 양말, 슬리퍼 등. (방문 국가의 계절에 유의할 것)

### 세면도구

칫솔, 치약, 비누, 면도기, 개인 화장품, 수건 (제공되는 어매니티가 부실한 숙소가 종종 있음)

### 기타 준비물

(1)개인 신용카드, 법인카드, PP카드 등

(2)개인약 및 비상약(소화제, 지사제, 타이레놀 등), 글로벌 어댑터, 핸드폰 충전기, 보조배터리(반드시 기내로 반입, 수량이 많을 경우 탑승편 항공사에 문의), 블루투스 스피커, 셀카봉, 개인 IT기기

(3) 썬크림, 맥가이버칼(위탁 수하물로 보낼 것), 읽을 책, 물티슈, 간이 손저울(수하물 무게 확인용)

(4)볶음 고추장, 즉석밥, 사발면, 김, 김치 등 개인 취향 먹거리.(출장 국가의 반입 규정 확인)

(5)술은 아랍권 국가 출장시 주의할 것. 담배/전자담배는 방문 국가의 반입 규정 반드시 확인할 것

(6)해외여행자 보험 가입(회사 총무팀에 신청)

(7)국제 운전 면허증

# 제2장
# 블레저 여행가(Bleisure traveller)가 되기 위한 준비

제2장에서는 본격적으로 출장과 블레저를 즐길줄 아는 직장인 출장러가 되기 위하여
사전에 준비해야 할 점들에 대하여 이야기해 볼까 합니다.

# 블레저 여행이
# 일반 여행과 다른 점

―――

**블레저 여행을 즐기기 위해서는** 먼저 블레저 여행이 일반 여행과 다른 점들이 무엇인지 알 필요가 있습니다. 앞 장에서 이런저런 이야기를 드려서 이미 어느 정도 눈치채셨겠지만, 블레저 여행은 일반 여행과는 많은 차이가 있습니다. 내 돈 내고 내가 좋아하는 사람과 내가 가고 싶은 때 내가 가고 싶은 곳으로 가는 여행. 회사가 필요한 시기에 맨날 봐도 그다지 설레지 않는 회사 동료들과 생각지도 못한 곳으로 가서 어려운 무엇인가를 해내야 하는 출장. 사실 개인 여행과 업무 출장은 익숙한 일상을 떠난다는 하나의 커다란 공통점 이외에는 모든 것이 다르다고 할 수 있는데요. 그럼 출장지에서 여행을 즐긴다는 블레저 여행이 구체적으로 일반 여행과 어떻게 다른지 알아보겠습니다.

① 여행의 목적

개인 여행은 휴가, 가족이나 친구 방문, 새로운 장소 탐방, 레저 등과 같이 개인 여가가 목적입니다. 블레저 여행은 회사 업무가 주목적이며, 출장 기간 중의 여유 시간, 출장 기간에 포함된 주말 또는 개인 휴가를 출장 기간 앞뒤에 사용하여 개인 여가를 즐길 수 있습니다.

② 여행기간

개인 여행은 집을 나서는 순간부터 다시 집으로 돌아올 때까지의 모든 시간이 오롯이 개인 여행을 위한 시간이기 때문에 여행 시간이 긴 편입니다. 물리적으로 여행 기간이 며칠인가를 떠나서, 그 며칠이 모두 개인 여행을 위한 시간인 거죠. 하지만 블레저 여행은 실제로 타지에 머무르는 기간이 꽤 길다고 하더라도 그것은 회사 업무를 위한 시간입니다. 개인 여행을 즐길 수 있는 시간은 업무 종료 후 야간이나 출장 기간 중의 주말, 또는 출장 기간 앞뒤로 연결한 개인 연차 기간 정도입니다. 따라서 공식 회사 업무 수행 시간을 제외하면 개인 여행 기간이 상대적으로 짧습니다.

③ 여행의 균형

개인 여행은 자유롭게 시간을 사용할 수 있습니다. 예를 들어 하루는 힘들게 산에 올라갔다 왔다면 다음 날은 숙소에서 휴식을 취할 수 있습니다. 전날 함께 여행하는 사람들과 밤 늦게까지 술 한잔하며 이야기를 나누었다면, 다음 날은 늦잠을 자며 긴 아침을 즐기는 것과 같이 여행 일정을 자기 마음대로 조정하는 것이 가능합니다. 하지만 블레저 여행은 업무와 여가 활동의 균형을 맞추어야 하므로 개인의 일반적인 여행보다 더 체계적이고 계획적으로 준비해야 하는 경향이 있습니다. 그리고 가장 주의할 점은 무리한 개인 여가 활동으로 인하여 회사 업무에 영향을 주면 절대로 안 된다는 점입니다.

## 출장을 즐기는 자세(Feat. 혼자 출장)

**직장인의 출장이라는 것이** 너무도 제각각입니다. 계약시 고객에게 약속한 공사 납기를 못 맞춰서 납기를 연장해달라고 사정해야 하는 프로젝트 매니저, 비싼 설비를 납품했는데 이것저것 트집 잡으며 대금 지급을 미루고 있는 고객으로부터 돈을 받아내기 전까진 돌아올 생각 말라는 명령을 받은 영업 사원, 외국에서 새로운 측정 장비를 구매해서 사용 방법을 교육 받으러 가는 새내기 기술자, 회사에서 구매하는 설비 검수를 위해 납품사를 방문하는 '갑' 지위의 검사원, 해외 전시회에 글로벌 경쟁사들을 벤치마킹하러 까칠한 임원을 모시고 가는 연구원, 초대형 프로젝트 수주에 성공하여 고생한 실무자들 앞세우고 싸인하러 가시는 고위 임원. 이들이 출장을 대하는 자세는 모두 다를 수밖에 없습니다. 하지만 저는 아무리 어렵고 힘든 출장이라도 본인 스스로가 출장에 대해 관심을 가지고 적극적인 자세로 준비한다면, 어떤 출장이라도 좀 더 보람차고 기억에 남는 출장으로 만들 수 있다고 생각합니다.

　이를 위해 가장 중요한 것은 새로운 경험에 대한 적극적인 태도라고 생각합니다. 물론 출장 중 업무를 마치고 숙소에 돌아오면 몸과 마음이 피곤합니다. 침대에 누워 TV나 좀 보다가 술이나 한 잔 마시고 잠들고 싶은 생각이 간절한 것도 완전 이해합니다. 저는 십수 년 전 출장으로 프랑스 파리를 처음 방문했었습니다. 그동안 책이나 TV에서만 봐 왔던 파리에 간 것이죠. 공식적인 하루 일과를 마친 후, 몸은 무척 피곤했지만 파리에서 주어진 여유 시간에 어디든 가보고 싶었습니다. 그러나 함께 간 동료는 피곤하다며, 호텔 방에서 소주나 한 병 마시고 자겠다고 하시더군요. 보르도 지방 레드 와인이나 샹파뉴 지방의 샴페인도 아닌 서울 수퍼마켓에서 구매한 소주를 마시고 말이죠. 뭐 이것도 개인의 성향이고, 또 회사 생활을 하는 자세이니 뭐라고 할 생각은 조금도 없습니다. 유럽행 항공권 정도는 언제든 일시불로 결제할 수 있는 재력과 일주일 정도의 휴가 신청서쯤은 아무 때고 던질 수 있는 배짱을 가진 직장인이라면 출장지에서의 여행 따위 구차하게 계획할 필요는 없겠죠. 하지만 그럴 여유가 없는 직장인이라면, 기왕 없는 시간 쪼개서 먼 곳으로 어렵게 출장을 간 김에 좀 더 마음을 열고 적극적인 자세로 그곳과 교감해 볼 것을 권해드리고 싶네요.

저는 해외 출장이든 국내 출장이든 새로운 곳에 가면 현지의 숨결이 깃든 음식을 최대한 즐겨보려고 노력하는 편입니다. 물론 장기 출장을 가서 외국에 오랫동안 체류하다 보면 집밥이 그리워지는 것도 사실입니다. 하지만 처음 가 본 나라에서 도착하자마자 한국 음식점만 찾아다니거나, 한국에서 준비해 간 즉석 상품밥과 포장 김치에 소주만 드시고 오시는 분들을 보면 조금 안타깝다는 생각도 듭니다. 저는 새로운 곳에 출장을 갔다면, 무엇보다 그곳의 음식을 즐겨보려는 적극적인 자세를 추천 드리고 싶습니다. 서울 마포 지역에 위치한 직장에 다니는 덕에 원조 마포 갈비를 자주 드시는 분께서 모처럼 타 지역으로 출장을 가게 된다면, 익숙한 갈비도 좋지만 그 지역에서 유명한 음식을 경험해 보는 것도 즐거운 경험이 될 수 있습니다. 입이 짧아서 입맛에 맞지 않는 무언가를 먹는다는 것 자체가 너무 힘든 분들의 고충을 이해하지 못하는 것은 아닙니다. 다만 처음부터 새로운 지역 음식에 너무 거리를 두시지 말고, 본인 입맛을 고려하여 개중에 먹어볼 만한 음식을 골라 조금씩이라도 도전해 보시라는 말씀을 드리는 것입니다. 새로운 지역에서 그곳 사람들을 이해하고 교감하고 기억하는 좋은 방법 중 하나는 뭐니뭐니 해도 그곳의 음식을 먹어보는 것이니까요. 그렇다고 1년간 청소하지 않은 공중 화장실 악취를 능가한다는 스웨덴의 수르스트뢰밍이나, 홍콩 기괴한 요리 중 최고라는 오리 머리 간장 조림, 이탈리아 로마시대부터 전해 내려온다는 살아있는 구더기가 8mm 정도 되었을 때가 가장 신선

하고 맛있다는 카수 마르주 치즈를 드시라는 건 아니니 오해 없으시기 바랍니다.

"설렘 없는 여행은 단순한 물리적 이동일 뿐이다." 라고 하던가요? 부담스럽고 지루할 것 같은 출장도 열린 마음으로 바라보며 적극적으로 대하면 꽤 괜찮은 여행으로 만들 수 있습니다. 물론 항상 성공만 할 수는 없습니다만. 회사 업무 출장이라는 것이 내가 뭔가를 결정할 수 있는 자유도가 상당히 부족한 것은 사실입니다. 그래서 저 같은 경우에는 상황이 허락한다면 혼자 출장을 선호하는 편입니다. 오롯이 처음부터 끝까지 혼자 해야 하는 출장도 있지만, 출장지에서 업무는 함께 하더라도 장거리 이동이나 숙박은 일행들과 따로 하는 것도 하나의 방법입니다. 여러 사람이 비행기를 타고 해외 출장을 떠나는 경우, 일행이 모두 모여 함께 티케팅 하고, 출국 심사를 거쳐, 면세점 쇼핑을 하고, 탑승 게이트로 이동하여, 비행기 내에서 옹기종기 모여서 가는 장면은 상상만 해도 숨이 턱 막히네요. 그래서 저는 가능하면 일행들은 비행기 출발 전 탑승 게이트 앞이나 심지어 도착 공항의 입국장에서 만나는 것으로 약속합니다. 그리고 나서 혼자서 쇼핑도 하고, 라운지에 들러 식사하며 와인도 한잔 즐깁니다. 물론 출장을 평소에 마음이 잘 맞는 동기나 선후배와 함께 간다면 더할 나위 없이 좋겠습니다만, 스타일이 맞지 않는 동료나 불편한 선배와 장시간 함께 하는 것도 꽤나 스트레스 받는 일입니다. 처음 방문하는 곳이라 동료들과 함께 이동하는 것이 심적으로 안정된다거나, 치안에 문제가 좀 있는 지역이라거나, 단체 이동하는 것이 효율적인 상황이라면 당연히 그렇게 해야겠지요. 하지만 그런 상황이 아니라면 이동을 혼자 하는 것도 나쁘지 않은 선택입니다. 익숙한 곳을 떠나서 혼자 기차나 비행기 타고 이동하면서 책도 보고, 창밖으로 빠르게 지나치는 경치를 감상하며 좋아하는 음악을 듣다 보면 제법 여행 느낌이 들며 살짝 설렐 수도 있으니까요.

# 아는 만큼 즐겁다!
## 사전 준비가 재미있는 출장을 만든다

———

**기본적으로 출장지는** 내가 무엇인가 보고 싶은 것이 있고 해보고 싶은 것이 있어서 가는 여행지는 아닙니다. 하지만 그렇더라도 새로운 곳에 갈 기회가 생긴다면, 그곳에서만 보거나 할 수 있는 뭔가 특별한 것에 대하여 잠시라도 짬을 내어 사전에 준비하실 것을 추천합니다. 출장지에서 지나가면서 흘려본 돌맹이가 나중에 알고 보니 위대한 문명의 한 조각이었다면? 지즉위진간(知卽爲眞看, 알면 참모습이 보인다)이란 말도 있듯이, 아는 만큼 보이는 것이니까요. 물론 요즘은 누구나 사용하고 있는 스마트폰을 이용하면, 공항이나 현지에서도 간단한 검색을 통해 여러 정보들을 쉽게 접할 수 있습니다. 하지만 출장을 떠나기

전에 출장지나 경유지에 대하여 공부해 둔다면 출장을 좀 더 즐길 수 있다는 것은 확실합니다.

단 하루 밤을 자더라도 옆 건물 벽뷰인 안락하지 않은 숙소보다는 근처에 공원이나 강도 있고, 맛있는 조식도 제공되고, 세탁 서비스도 제공되고, 룸에 안마의자와 의류 관리기까지 제공되는 숙소라면 출장 여행을 훨씬 더 즐길 수 있지 않을까요? 그래서 저는 새로운 곳에 출장 갈 일이 생기면, 가능한 잠시라도 시간 내서 그 도시, 그 국가에 대하여 최소한이라도 공부를 합니다. 해외 출장지가 처음 가보는 도시나 국가라면 한 두주 전에 미리 동네 도서관에 가서 해당 지역에 대한 여행 책자를 빌려서 읽어둡니다. 출장 기간 중에 바빠서 어떤 여가도 즐길 수 없다면 그것도 어쩔 수 없는 일입니다만, 갑자기 여유가 생겼을 때 준비가 안 되어 있어서 호텔에서 잠만 자고 온다면 그것도 꽤 아쉬운 일이니까요.

저는 2023년 1월 광주광역시에 출장 다녀올 일이 있었습니다. 도착해서 오후에 미팅을 하나하고, 하루 밤 자고나서 다음 날 오전에 다른 업체를 만나고 오후에 올라오는 일정이었습니다. 출장 전날 광주광역시 행 교통편과 숙소를 예약하면서 지역 소식도 알아보고 있었는데, 국립 광주박물관에서 삼성그룹 고 이건희 회장의 특별전 '어느 수집가의 초대'가 진행되고 있다는 사실을 알게 되었습니다. 게다가 입장료는 무료. 먼저 다녀오시는 분들의 후기를 찾아보니, 한두 시간 정도 관람하기 좋다는 추천들이 많이 있었습니다. 게다가 제가 광주를 방문하던 시점에는 대한민국 보물로 지정되어 있는 단원 김홍도 화백의 추성부도를 비롯하여 여러 점의 국보와 보물들도 함께 전시되고 있었습니다. 서울에서 진행될 때는 시간이 안 되어서 못 가보았던, 개인적으로 정말 가보고 싶은 전시가 제가 출장 가는 도시에서 떡하니 열리고 있다니 너무나도 기뻤지요. 그래서 출장 업무를 마치고, 늦은 오후에 광주박물관에 들러 전시를 감상하고 올라오는 것으로 출장 계획을 세울 수 있었습니다. 결과적으로 집에 도착하는 시간은 꽤 늦어졌지만 상당히 괜찮은 전시를 무료로 관람할 수 있어서 너무나도 만족스러운 출장이 될 수 있었습니다.

또 한 번은 인도의 남부지역인 첸나이로 업무상 고객들을 모시고 출장을 다녀올 일이 있었습니다. 첸나이 지역에 진출한 고객사 공장의 설비 상태를 점검해야 하는 업무였습니다. 출장 일정에 주말이 포함되어 있었는데, 토요일까지는 업무를 해야 하지만 다행히도 일요일은 하루 쉴 수 있는 일정이었습니다. 늘 하던 데로 출장을 떠나기 전에 첸나이라는 도시에 관하여 공부를 했습니다. 먼저 동네 도서관에 가서 인도 여행 관광안내 책들을 몇 권 빌려 첸나이에 대하여 찾아보았는데요. 안타깝게도 대부분의 책에서 첸나이는 다루지 않고 있었습니다. 첸나이라는 도시는 인도에서 6번째로 인구가 많은 대도시입니다. 하지만 워낙 공업

도시여서 딱히 관광할 만한 무엇도 없고, 한국인 관광객들에게도 그다지 인기가 없는 그런 곳이었기 때문이었습니다. 그래도 열심히 찾아본 결과 정부 박물관, 산토메 성당, 마리나 해변과 피닉스 몰 정도가 가볼 만한 곳 전부였습니다. 다만 제가 도서관에서 대출해 온 여러 권의 책들 중 딱 한권에서 마말라뿌람(Mamallapuram)이라는 작은 도시를 소개하고 있었습니다. 1,400년이 넘는 역사를 자랑하는 이 작은 도시는 빤찌 라타스(Panchi Rathas)와 해변사원(Sea Shore Temple)이라는 두 개의 유네스코 세계문화 유산을 가지고 있었습니다. 더불어 세계문화 유산보다 더 유명한 인도 최대의 암벽조각 아르주나의 고행상(Arjuna's Penance)과 자연의 신비 크리슈나의 버터볼까지 있었습니다. 저희 일행이 숙박하는 곳에서부터 이동하는데 차량으로 편도 한시간 남짓 소요되는 거리에 위치해 있었지만, 시간이 난다면 꼭 들러 보고 싶은 생각이 드는 곳이었습니다. 개인 취향 차이는 있겠습니다만, 저는 나중에 이것을 보자고 인도 남부 소도시까지 제돈 들여 개인 여행을 갈 것 같지는 않았거든요. 실제로 첸나이 출장지에서 한주간의 힘겨운 업무를 마친 토요일 저녁. 일행들이 모여 저녁 식사를 하던 중, 함께 출장중인 고객사의 고참 분께서 조심스럽게 말을 꺼내셨습니다.

"모두 일주일 동안 너무 수고하셨습니다. 내일이 일요일인데 첸나이 어디라도 구경삼아 잠시 다녀오시면 어떨까요?"

저는 일단 눈치를 보며 있었는데, 고객사의 후임 분이 먼저 좀 알아보신 듯 말씀을 꺼내셨습니다.

"제가 저희 회사 첸나이 지사 분들에게 여쭤 봤는데, 시내에 나가서 박물관하고 성당이나 좀 구경하고, 피닉스 몰에 가서 저녁 먹으라고 하시던데요? 지금까지 첸나이로 출장 나오셨던 분들은 그 정도 보시고 돌아가셨다고 합니다."

고참 고객께서도 이미 알아보셨던 듯 어쩔 수 없다는 표정으로 쓴 웃음을 지으시며 말씀하셨습니다.

"첸나이는 뭐 크게 볼만한 것도 없고 일만 하다 가야 하는 곳 같네요."

그때 제가 조심스럽게 말씀드렸습니다.

"첸나이는 공업도시라서 실제로 볼만한 게 별로 없는 것 같더라구요. 다만 어차피 차량과 현지인 운전기사를 섭외해서 하루 다녀올 계획이라면, 차라리 이곳에서 한 시간 정도 거리에 마말라뿌람이라는 오래된 작은 도시에 가 보면 어떨까요? 그곳에는 두 개의 유네스코 지정 세계문화 유산과 그보다 더 유명한 아르주나의 고행상이라는 인도 최대 암벽조각이 있습니다."

그 다음은 어떻게 되었을 것 같나요? 마침 다음 날 날씨도 좋아서 마말라뿌람 여행 잘하고, 재미난 사진도 많이 찍었습니다. 고객 분께서는 별로 볼 것 없는 첸나이 박물관이나 다녀올 뻔했는데, 제 아이디어 덕분에 구경 잘했다며 좋아하셨습니다. 첸나이 지사 주재원들에게 자기가 한 수 가르쳐 줘야겠다며 즐거워하시더군요. 저녁 때 해변에 위치한 레스토랑에서 근처 바다에서 잡았다는 랍스터를 포함한 근사한 해산물 요리와 시원한 맥주로 한 턱 내는 것도 잊지 않으셨습니다. 물론 고객님 회사의 법카가 큰 힘이 되었습니다만.

물론 출장 가서 어디 돌아다니기 보다는 쉬는 것을 선호하시는 분들의 심정 충분히 이해합니다. 개인의 스타일이니까요. 하지만 평소에도 여행을 좋아하시는 분이라면, 출장지에서도 꽤나 근사한 여행을 할 수 있는 기회가 분명히 있다는 점을 말씀드리고 싶습니다. 그리고 출장 전에 미리 준비를 해 둔다면 이런 기회가 생겼을 때 단 1분도 허투루 보내지 않고 알뜰하게 활용할 수 있습니다. 이미 지나가버린 출장들은 되돌릴 수 없습니다. 하지만 다음 출장부터는 더 보람차게 보낼 수 있도록 조금만 더 관심을 가지고 준비해 보시면 어떨까요?

# 딱히 가볼 곳이 없을 땐
## : 박물관, 시장, 공원, 골목 산책

———

**주말이나 개인 연차가** 연결된 출장이라면 꽤나 그럴듯하게 개인 여행을 즐길 수 있을 겁니다. 하지만 출장지 이동 전후에 생기는 애매한 시간, 업무 후에 조금 남는 자투리 시간 등은 대부분 의미 없이 지나가 버리고 맙니다. 물론 체력 회복을 위한 휴식시간으로 사용하는 것도 나쁘지 않습니다만, 출장 일정이 길지 않다면 이런 시간들을 모아서 알뜰하게 사용하는 것만으로도 꽤 그럴듯한 작은 여행을 즐길 수 있는데요. 거창하게 무엇인가를 하기에는 턱없이 부족하지만 그냥 보내기는 좀 애매한 몇 시간. 이런 작은 선물 같은 여유 시간이 생길 때, 제가 추천 드리는 곳은 박물관/미술관, 시장, 공원, 골목입니다.

### ① 박물관과 미술관

출장 일정 중에서 짜투리 시간이 생기면 제가 가장 먼저 머릿속에 떠올려 보는 곳은 박물관이나 미술관입니다. 물론 여기서 말하는 박물관이라는 곳은 파리의 루브르 박물관, 런던 대영박물관이나 뉴욕 현대미술관(MOMA)과 같은 거창한 곳을 말하는 것이 아닙니다. 이처럼 유명한곳들은 박물관 관람만으로도 꽤 많은 시간을 들여야 하겠지요. 제가 말하는 박물관은 그 지역에 위치한 별로 크지 않은 규모의 박물관이나 미술관을 의미합니다. 시간 보내기도 좋고, 적당히 휴식을 취하거나 하기도 괜찮구요. 가격이 저렴하거나 아예 무료인 곳들도 종종 있습니다. 특히 더운 여름, 추운 겨울, 날씨가 궂은 날 더욱 빛을 발합니다. 앞서 소개 드렸던 국립광주박물관에서 만난 '어느 수집가의 초대'와 같이 좋은 전시들도 만날 수 있고, 또 작은 박물관이라 크게 기대를 안 했지만 생각보다 알찬 경우도 종종 있습니다. 개인적인 생각입니다만, 국가와 도시를 이해하기 위해서는 박물관은 한번쯤 들러 볼 필요가 있다고 생각합니다. 하지만 박물관이라는 곳에 대하여 호불호가 있는 것도 사실입니다. 이 책을 읽으시면서 '박물관? 강 작가도 참 지루한 양반이었군.'이라고 생각하시는 분들도 분명 계실 것입니다.

제가 예전에 말레이시아 쿠알라룸푸르에 출장을 처음 갔던 때였습니다. 출장 마지막날 사업 파트너 회사의 직원들과 오전에 마지막 Wrap-up 미팅을 마치고, 저녁 비행기로 한국으로 귀국하는 일정이었습니다. 점심 식사하는데 사업 파트너사의 임원분이 저에게 남는 오후 시간에 뭐 할 거냐고 물어보았는데요. 저는 전날 미리 생각해 두었던 데로 쿠알라룸푸르 국립 박물관에 들르려 한다고 이야기했습니다. 그분은 평생 이런 따분한 녀석은 처음 보았다는 표정으로 이렇게 말씀하시더군요.

"헤이~ 미스터 강, 너는 그 재미없고 지루한 곳에 왜 가려고 하니?"

이 말을 들은 저는 순간 다른 계획을 세워볼까 살짝 고민도 했습니다만, 결국 제 원래 계획대로 박물관을 찾았습니다. 결론을 말씀드리자면 쿠알라룸프르 국립 박물관은 솔직히 다른 수도급 도시에 있는 국립 박물관과 비교하면 규모도 크지 않고 화려한 전시품이 많지도 않은 곳이었습니다. 하지만 그 분 말씀처럼 그렇게 따분한 곳은 아니었고, 오히려 한 번쯤 방문해 본다면 제법 괜찮을 법한 곳이었습니다.

또 기억에 남는 곳은 호주 시드니 하버 근처에 위치한 시드니 현대 미술관(MCA)입니다. 이 곳은 4층으로 되어있는 크지 않은 미술관이지만, 조금 난해하면서 흥미로운 현대 미술 작품들을 관람하실 수 있습니다. 특히, 4층 옥상 테라스에서는 시드니의 상징인 오페라 하우스와 하버 브리지를 한눈에 담을 수 있는 뷰맛집입니다. 게다가 입장료는 공짜. 시드니 출장 중 애매하게 남는 두어 시간 동안 들러 보기에 딱 좋은 장소입니다. 추천 드립니다.

②시장

새로운 나라나 도시를 방문할 때 시장을 꼭 들르시는 분들이 꽤 많습니다. 저 역시 평소에는 아내가 시장 가자고 하면 괜히 바쁜 척하지만, 새로운 도시에서의 출장이나 여행 중에는 시장 구경을 무척 즐기는 한 명입니다. 시장이라는 공간은 무엇인가 정해진 코스가 있는 것은 아니기 때문에 내 일정에 맞추어 적절히 시간을 조절해가며 구경하기 좋습니다. 또 많은 도시의 경우 구도심 근처에 도시를 대표하는 오래된 큰 시장이 자리잡고 있기 때문에 접근성이 뛰어난 경우가 많습니다. 이런 이유로 출장 중 짜투리 시간을 활용하기도 좋고, 그 지역의 문화를 깊이 이해할 수 있는 훌륭한 관광지 중 하나입니다. 재수가 좋다면 꽤 괜찮은 기념품을 공항 면세점이나 시내 기념품 가게 대비 착한 가격에 구할 수 있습니다. 이렇듯 시장은 항상 뜻밖의 즐거움을 주는 곳입니다.

제가 가본 시장들 중에 몇몇 곳이 특히 기억에 남는데요. 그중 한곳은 아라비아반도의 북동쪽에 위치한 오만의 수도 무스카트에 있는 무트라 수크(Mutrah Souq)라는 시장입니다. 수크는 아랍어로 상업지역, 시장 정도를 의미하는 단어입니다. 오만 무트라 수크는 무스카트에 방문한 사람들은 꼭 들러 본다는 유명한 곳 중에 하나인데요. 제가 이 오래된 시장에 처음 갔던 때는 비트 코인 가격이 개당 8달러 정도 하던 2012년도(이 책을 퇴고하는 중에 개당 100,000 달러 돌파!!)였습니다. 다니던 회사에서는 중동시장에서 새로운 고객을 만나 신규 사업기회를 발굴하기 위하여, 오만에서 개최된 에너지 관련 전시회에 출품을 했었는데요. 이 전시회에 제품 설명요원 자격으로 무스카트에 출장을 갔었습니다. 그 당시 저와 함께 출장 간 일행 중, 연구소에서 오신 이 모 선임 연구원이 저와 마찬가지로 시장 구경을 좋아하는 것을 알게 되었습니다. 전시회가 끝난 늦은 오후, 잠시 짬을 내서 이 선임과 함께 무트라 수크를 다녀올 수 있었습니다. 무트라 수크는 상당히 오래된 시장으로 오만 만의 해변가에 위치해 있는데요. 무스카트 동쪽 끝에 위치해 있어서 저희 일행이 묵고 있던 숙소와는 거리가 좀 있었습니다. 일반 여행자들 같으면 비용을 아끼려고 대중교통을 이용하였겠지만, 저희는 돈은 있지만 시간이 부족한 출장 여행자. 망설임 없이 택시를 탔습니다. 갈 때는 제돈 올 때는 이 선임 돈. 어쨌든 무트라 수크는 넓고 좁은 길들이 미로처럼 복잡하게 얽혀 있어서 처음 가본 사람들에게는 이 골목이 저 골목인 것 같아서 까딱하면 길을 잃기 쉬운 곳입니다. 중동 지역 시장 답게 다양한 카펫, 캐시미어, 여러 가지 기념품, 공산품 등을 다양하게 판매하고 있었습니다. 장고 끝에 제가 사온 것은 바로 5 오만 리알(약 17,000원)짜리 램프 요정 지니가 살고 있다는 낡은 램프였습니다. 오만 출장이 끝난 후 이 램프를 신주 단지 모시듯 소중히 가지고 귀국했습니다. 인천 공항에서 세관을 통과할 때는 보물 밀수로 세관에서 잡히는 것은 아닐지 살짝 긴장도 되더군요. 집에 무사히 도착해서는 아내에게 너 이제 힘든 시절은 다 끝났으니 소원이나 하나 생각해 보라고 큰소리를 치고 나서 조심스럽게 램프를 문질렀습니다. 하지만 허름한 램프가 빵꾸 나도록 아무리 문질러 봐도 덩치 좋은 파란 요정은 고사하고, 반바지 입은 스머프 같은 것조차도 나오질 않습니다. 너무나도 순수한 눈망울을 갖고 있었던 무트라 수크의 램프 상인이 제가 열 시간 넘게 비행기를 타고 무스카트에 출장 왔다가 잠시 짬을 내서 시장에 구경 온 뜨내기 손님이라는 것을 재빠르게 눈치 채고 빈 램프를 속여 판 것일까요? 아니면 이 램프 안에는 다른 요정들보다 좀 게으른 녀석이 살고 있는 것일까요? 하여튼 이 책이 세상에 출간되기 전까지는 지니가 램프 밖으로 나오기를 기대하고 있습니다. '이 책이 대한민국 천만 직장인들의 바이블이 되어 업무에 지친 모든 월급쟁이들이 한 권씩 꼭 사서 읽어야만 하는 베스트셀러로 만들어 주기'를 비롯해서 소원 빌 게 몇 가지 있거든요. 제가 책을 팔아서 인세 부자가 되고 싶다 뭐 이런 사심이 있는 것은 절대로 아닙니다. 제가 돈 벌고 싶은 생각이라면 귀찮게 책 같은 것을 쓰고 있겠습니까? 지니에게 저를 2012년으로 데려다 달라고 해서 8달러짜리 비트 코인을 1,000개 정도 산 후, 십년만 빈둥거리면 되는 훨씬 간단한 방법이 있는데 말이죠. 저는 오직 대한민국 직장인들이 회사 비용으로 간 출장을 좀 더 알차게 이용하고 그 안에서 기쁨을 찾아 회사 생활이 지겹지 않고 즐거웠으면 좋겠다 뭐 이런 순수한 의도뿐입니다. 그렇게만 되면 직장인, 회사, 대한민국 모두에게 도움되는 일이라고 생각됩니다. 저에게 남는 것은 약간의 인세와 베스트셀러 작가라는 타이틀 정도뿐일 것입니다.

하여간 독자님께서 출근길 지하철이나 버스에서 이 책을 읽으시다가 문득 고개를 들어보니 앞에 앉은 중년의 여성 직장인 분도 이 책을 읽고 계시고, 옆으로 고개를 돌려보니 젊은 남성 분도 이 책을 읽고 계시고, 회사 왔더니 팀장님께서 이 책을 읽어 봤냐고 물으시고, 블라인드 앱의 회사 게시판에도 온통 블레저 여행 이야기뿐이라면 이 게을러 터진 파란 요정이 드디어 램프 밖으로 나왔다고 생각하시면 될 것 같네요.

### ③ 공원

선진국에 포함되는 국가들의 도시들 일수록 공원이 잘 되어 있는 것 같습니다. 저는 바쁜 출장 일정 중 오아시스 같은 여유 시간이 좀 애매할 경우, 근처의 공원에 들르곤 하는데요. 이처럼 잠시 들러 숨을 고르며 현지인들의 모습을 보는 것만으로도 꽤 괜찮은 이야깃거리가 됩니다. 젊은 연인들, 유모차를 밀고 가는 엄마들, 신나게 뛰어노는 아이들, 강아지와 함께 느긋하게 산책하시는 어르신들, 레깅스를 입은 미모의 조거(Jogger)들, 그리고 분명 일해야 할 시간인데 공원에서 태연히 땡땡이 중인 출장러들. 내가 살고 있는 동네와 비슷하면서도 색다른 분위기에 스며드는 것이 묘하게 즐겁습니다.

　그래서 저는 국내외 출장을 준비하면서 숙소를 예약할 때, 가능하면 근처에 괜찮은 공원이 있는 지역의 숙소를 선호합니다. 숙소 근처에 공원이 있으면, 아침 저녁으로 그 도시에 살고 있는 사람처럼 그들과 어울려 산책하기 좋거든요. 짧은 시간 머무르다 떠나는 출장여행자 신분이지만, 그 동네에 사는 현지인들과 함께 잠시나마 생활할 수 있다는 건 흥미진진한 일입니다. 다만 해외 출장의 경우, 도시의 치안 상태에 따라 너무 이른 시간이나 늦은 시간에 혼자 공원에 가시는 것은 위험할 수도 있습니다.

　예전에 대구로 출장을 다녀온 적이 있습니다. 마침 대구가 고향인 직장 동료 이 모 박사님과 함께 출장을 가게 되었는데, 그분이 대구 동촌 유원지 근처에 위치한 G 호텔을 추천해 주셨습니다. 나중에 알고 보니 출장자들에게 인기가 많은 숙소라서 미리 예약을 하지 않으면 숙박하기가 쉽지 않은 곳이었는데요. 그날 따라 저에게 숙소 요정이 함께 했는지, 마침 예약 취소된 방 하나가 얼떨결에 제 차지가 되었습니다. 이 숙소가 좋은 이유는 룸이 깨끗하고, 무료 조식 뷔페가 맛있고, 각 방 마다 의류 관리기도 구비되어 있는 등 여러 장점들 때문입니다. 하지만 제가 생각하는 그중에서도 최고의 장점은 동촌 유원지를 비롯한 여러 공원들이 근처에 있고, 룸의 창문으로 금오강 조망이 가능하다는 것입니다. 사실 고급 호텔도 아닌 일반 출장자들이 묵는 숙소에서 창문으로 보이는 뷰까지 기대하기는 쉽지 않은데, 이 숙소는 동촌 유원지 넘어 금오강까지 보이는 시원한 리버 뷰를 가지고 있었습니다. 다음 날 아침 평소보다 조금 일찍 일어나 숙소에서 무료로 제공되는 꽤 훌륭했던 조식을 즐긴 후, 마치 동네 주민인 양 금오강변을 산책하며 신선한 공기를 마시며 대구를 느끼는 여유까지 즐길 수 있었습니다. 짧은 출장 일정으로 인해 대구를 오롯이 즐길 수는 없었지만 금오강을 보고 걸은 것만으로도 꽤 보람이 있었던 출장이었습니다. 이렇듯 공원은 바쁜 출장러들이 즐길 수 있는 훌륭한 여행지입니다. 이 글을 읽으시는 직장인들께서도 다음 출장시에는 그 도시의 공원을 한번 눈여겨보시기 바랍니다. 출장 준비에 조금만 관심을 갖는다면, 바쁜 일상 중에 어렵게 간 출장을 훨씬 즐기실 수 있습니다.

**④골목길 산책**

출장지 근처에 박물관도 없고, 가볼 만한 시장도 없고, 작은 공원 하나조차 없는 곳이라면? 이때가 바로 제 최후의 필살기 골목길 투어가 빛을 발하는 순간입니다. 골목길을 단순히 목적지로 이동하기 위한 경로의 일부라고 생각하면 재미있을 것이 하나도 없는데요. 하지만 좀 더 여유를 가지고 찬찬히 걸어보면, 새로운 장소의 매력을 발견하는 데 또 이만한 게 없습니다. 골목길을 산책하다 보면 그 도시가 관광객들에게 보여주기 위해 꾸민 겉모습이 아니라 그곳에 살고 있는 현지인들의 생활 방식을 들여다볼 수 있기 때문입니다. 게다가 골목길은 일부러 찾아오는 일반 관광객이 드물기 때문에 느긋하게 그 도시와 교감할 수도 있습니다. 그렇게 도시의 골목길을 탐험하다 보면 여행 가이드북에 소개되지 않은 상점이나 현지인들 사이에 유명한 식당과 같은 명소를 발견하는 작은 기쁨을 느낄 수도 있는데요. 깊은 내공에서 뿜어져 나오는 프로 출장러의 아우라는 인터넷을 검색하면 몇 초 만에 나오는 뻔한 곳을 많이 다녀왔다고 생기는 것이 아닙니다. 현지인들 사이에서 좌충우돌하며 직접 경험한 나만의 노하우가 쌓였을 때, 진정한 프로 출장러의 아우라를 풍길 수 있게 되는 것입니다. 이런 관점에서 저는 아직 한참 모자랍니다. 끊임없이 헤매는 것도 재주라면 재주입니다만.

 이세돌 9단이 인공지능에게 1승 4패로 패하며 전세계를 경악하게 한 그 해의 끝자락, 팀 후배 이 모 과장과 중국 난통시로 짧은 출장을 다녀왔었습니다. 당시 저희팀에서는 콜롬비아 전력 회사에서 추진중인 프로젝트에 입찰 참여하고자 준비하고 있었는데요. 사전에 고객사로부터 특정 기술 사양에 대하여 최종 승인을 받아야 입찰에 참여할 수 있었던 상황이었습니다. 하지만 콜롬비아는 멀리 남미대륙에 위치한 나라입니다. 고객과 이메일을 주고받으며 설명을 하려다 보니, 10시간 정도 되는 시차 때문에 이메일 한번 주고받는 시간도 오래 걸리고, 설명도 잘 안 되어서 진도가 지지부진한 상황이었습니다. 그러다 평소 친분이 있던 해외 영업팀 동료를 통해서 마침 고객사의 수석 엔지니어 한 분이 다른 프로젝트 때문에 중국 난통에 있는 우리 회사 공장에 출장 중이라는 사실을 알게 되었습니다. 그래서 급히 중국 공장에 가서 고객사 엔지니어를 만나, 우리 회사의 솔루션을 설명하고 입찰 참여를 승인 받아야 하는 긴박한 상황이 생겨 버렸습니다.

오전에 중국 상하이로 출발하는 대한항공 KE897편을 이용하여 푸동 공항을 통하여 중국에 도착. 이후 차량을 이용하여 육로로 난통까지 가야 했습니다. 다음 날 오전에 고객과 미팅 후 오후 비행기로 한국으로 돌아와서 다음 날 회사 임원에게 결과를 대면 보고해야 하는 상황이니 말 다했죠. 진정 번갯불에 콩 볶아먹듯 준비해서 떠난 출장이었습니다. 미리 예약해 두었던 호텔에 도착하여 체크인 한 후, 방에 들어와 짐을 풀고 간단히 씻고나서 시계를 보니, 함께 출장 온 이 모 과장과 호텔 레스토랑에서 저녁 식사하기로 약속한 시간까지 남은 시간은 90분 정도였는데요. 이때부터 제 안의 두 자아는 서로 다투기 시작했습니다. 여기까지 오는데 피곤했으니 푹신한 침대에 누워 좀 쉬자는 '게으름 자아'와 처음 와본 곳인데 골목길 산책을 해보자는 '부지런 자아'가 말이죠. 결국 블레저를 즐기는 출장러 답게 부지런 자아가 가까스로 승리하였는데요. 저는 곧장 편안한 옷으로 갈아입고 혼자서 난통시의 뒷골목 탐험에 나섰습니다. 골목길 자체는 시간을 느긋하게 입은 듯한 소박한 광경이었는데, 문득 조금 오래된 느낌의 식당이 하나 눈에 띄었습니다. 자칭 노련한 출장러가 보기에 현지인들이 사랑하는 동네 맛집의 아우라가 느껴지는 그런 곳이었죠. 산책을 마친 후 이 과장과 만나 향한 곳은 호텔의 화려한 레스토랑이 아니라, 난통시 뒷골목에 위치한 작은 해산물 식당이었습니다. 식당 직원 분들은 영어를 전혀 못하고, 메뉴판은 사진도 없이 덩그러니 중국어로만 쓰여 있는 그런 곳이었죠. 둘이 합쳐 할 줄 아는 유일한 중국어라고는 '니하오마'가 전부인 상황. 저는 이런 짓궂은 상황을 살짝 즐기는 편입니다. 저희 일행과 식당 직원 분 사이에 스마트 폰의 구글 번역기 앱을 켜두고, 서로의 모국어로 이야기를 시작하였습니다. 각자의 언어를 스마트 폰이 상대의 언어로 바꾸어 주는데, 내가 한 말이 제대로 번역되어 상대에게 의미가 전해지는지 여부는 언어의 신 만이 알 수 있는 상황이었죠. 하여튼 제가 말한 한국어를 스마트폰이 중국어로 말해주었습니다. 식당 직원 분들은 심각한 표정으로 스마트폰이 말하는 중국어를 듣고나서, 자기들끼리 열띤 토론을 했습니다. 이후 쉐프께서 비장하신 표정으로 중국어로 스마트폰에게 무어라고 이야기를 했는데, 스마트폰이 저희에게 들려주는 소리는 한국어 같기는 한데 뜻은 도무지 이해하기 힘든 그런 무엇이었습니다. 그제서야 왜 식당 직원들이 저희가 했던 말을 듣고서 토론을 했는지 이해할 수 있었습니다. 결국 첨단 기술의 도움을 받은 공학도 답게 '생선이 어항째 나오든, 물고기 화석이 그릇에 담겨 나오던 알게 나 뭐람?' 이라는 생각으로 과감하게 주문을 마쳤습니다. 도대체 나오는 것을 먹을 수는 있을까? 설레며 기다리기를 십여 분, 마침내 생선 요리와 새우 요리가 나왔습니다. 보기에도 먹음직하게 생긴 요리를 고량주 한 잔과 함께하니, 입속에서 술과 음식이 어우러지며 장관을 연출하였습니다. 함께 식사했던 이 과장의 표현을 빌리자면 '너무 맛있어서 이렇게 계속 먹다가 배가 터지는 것 아닌가 걱정될 정도였다.'라고 하더군요. 저희는 그날 저녁 젓가락질을 멈출 수 없었고, 잔에 고량주를 채우는 것도 그만 둘 수 없었습니다. 다음 날 고객과의 미팅에서 기술 사양 이슈가 성공적으로 해결되어서 입찰에 참여할 수 있었는데, 아쉽게도 유럽 경쟁사에게 가격에서 밀려 프로젝트 수주에는 실패하고 말았습니다. 몇 년이 지난 지금도 이 과장은 저를 만나면 난통 출장 이야기를 하고는 합니다.

"부장님, 기억나세요? 난통 출장 갔을 때 저녁 먹었던 식당, 보기와 달리 요리가 정말 훌륭했었는데요."

"물론 기억나지. 그렇게 어렵게 주문했던 건 처음이었으니까."

"그런데 밥 먹고 나오면서 내일 미팅이고 뭐고 2차 가시자고 하시는 거 제가 겨우 말렸는데요. 혹시 필름 끊기셨던 건 아니셨죠?"

"이 과장 그럴 리가 있냐! 그때 마신 고량주 몇 잔쯤이야 입천장에 붙고, 이빨 사이에 끼고 목구멍으로 넘어가는 건 몇 방울도 안 되었는데. 내가 그 정도 마시고 취하는 거 봤냐?"

"하긴 뭐. 개인카드로 계산하시는 거 보니 멀쩡하시기는 했었죠."

"응? 계산을 내가 했던가?"

라는 부끄러운 수준의 대화입니다만. 하여간 골목길 산책은 이처럼 단순하면서도 특별한 경험의 시작이 될 수 있습니다.

## 항공기 덕후는 출장이 즐겁다
———

**우리나라는** 섬나라는 아니지만 북쪽이 정치적인 상황으로 인하여 막혀 있는 바람에 해외출장을 가려면 거의 대부분 비행기를 이용해야만 합니다. 저는 공학도라 그런지 비행기 탈 때마다 수백 톤이 넘는 커다란 쇳덩어리가 하늘을 날아가는 것을 보면 참 신기하기도 하고 설레기도 하는데요. 그래서 평소에도 항공 분야에 많은 관심을 가지고, 책이나 인터넷에서 많은 정보도 찾아 공부하고는 합니다. 저처럼 항공 분야에 관심이 많은 사람들을 일컬어 '항공기 덕후', 줄여서 '항덕'이라고 부릅니다. 물론 비행기를 탄다고 모두 항덕이 될 필요는 없습니다. 다만 해외 출장이 많으신 직장인들께서 비행기에 관심을 갖는다면, 감흥 없이 단조롭기만 한 출장 떠나시는 길에 색다른 재미를 더할 수 있습니다.

출장이나 여행을 목적으로 공항으로 향하시는 대부분의 사람들은 '내가 탑승한 비행기가 목적지까지 정시에 안전하게 데려다 주면 되지 그 이상 뭐가 필요하단 말인가?'라고 생각하실 겁니다. 이보다 비행기에 조금 더 관심이 있으신 분들께서는 내가 타게 될 비행기가 큰 비행기인지, 작은 비행기인지, 새 비행기인지, 낡은 비행기인지, 자리가 어디인지, 기내식은 뭐 주는지 정도 궁금해하시죠. 하지만 항덕들은 이번 출장길에 탑승하게 되는 비행기가 어느 회사에서 제작한 어떤 기종인지, 심지어 등록번호가 몇 번인지까지도 관심을 갖습니다. 더 나아가 이번 출장에서 탑승 예정인 비행기가 본인이 아직까지 탑승해본 경험이 없는 신기종이라면 공항으로 출발하기 전부터 몹시 기대하며 설레어합니다.

하여간 자동차가 제작사별로 각각의 모델에 따라서 생김새가 다르듯이, 비행기도 제작사와 모델에 따라 외형에 차이가 있습니다. 그래서 기종별 외형상의 특징을 알면, 겉모습만 보고도 비행기의 기종을 구분할 수 있는데요. 약간의 공부와 연습만 하시면 많이 어렵지 않습니다. 그렇게 되면 비행기에 탑승하기 전 잠시 시간 여유가 있을 때, 공항 여기저기를 돌아다니며 이착륙을 하고 있거나 운항을 준비 중인 비행기들의 기종을 척척 알아맞히며 함께 출장 중인 동료에게 우쭐댈 수 있습니다. 비싼 밥 먹고 할 짓이 그렇게 없냐고 어처구니 없어 하시는 분들도 가끔 계십니다만.

　비행기에 크게 관심 없으신 분들은 비행기에 탑승했을 때, 통로가 한 줄이면 작은 비행기, 두 줄이면 큰 비행기 정도로만 구분하실텐데요. 하지만 우리는 일반 출장러에서 경험 많은 프로 출장러로 업그레이드되기 위하여 비행기 종류를 좀 더 자세히 알아보겠습니다.

　먼저 우리가 일반적으로 타게 되는 민간 항공기는 세계최대 항공우주 회사인 미국의 보잉(Boeing)사와 유럽연합의 에어버스(Airbus)라는 회사가 전세계 시장의 80% 이상을 장악하고 있습니다. 특히 150석 이상의 중대형기 시장은 거의 독점에 가깝습니다. 최근에 중국의 중국상용항공기(Comac)라는 회사가 164인승 C919기를 개발하였습니다만, 중국 밖에서 타보게 되는 날은 그리 빨리 다가오지 않을 것 같습니다. 하여튼 이 세 회사명의 앞 글자를 따서 ABC(Airbus, Boeing, Comac)라고 부르기도 합니다. 이런 상황 때문에 우리가 출장이나 여행 갈 때 탑승하게 되는 비행기는 대부분 보잉과 에어버스 두 회사에서 만들어진 비행기입니다. 일부 소형 기종의 경우에만 이 두 회사가 아닌 다른 회사에서 제작된 비행기를 타볼 수 있습니다. 두 회사의 비행기는 얼핏 겉모습을 보면 상당히 비슷합니다. 하지만 '보잉은 비행기에 컴퓨터가 달려있고, 에어버스는 컴퓨터에 날개가 달려 있다'라는 말로 비교될 정도로 기본적인 비행기 설계 철학부터 여러 가지가 많이 다른데요. 그럼 먼저 두 회사에 대하여 알아보겠습니다.

### ① 미국 보잉(Boeing) vs 유럽 에어버스(Airbus)

먼저 보잉입니다. 보잉은 1916년 7월 윌리엄 보잉이 시애틀에서 창립한 미국의 항공기 제작 회사이자 방위산업체입니다. 현재 세계에서 가장 큰 항공기 제작사이며, 항덕이 아니라도 들어 봤을 듯한 보잉 747, 보잉 777 등을 생산하고 있습니다. 이렇듯 보잉에서 제작한 비행기는 7X7 형태의 모델명을 가지고 있습니다. 보잉은 여러 가지 여객기를 개발하였지만 초창기에는 더글러스 등 경쟁사에 밀려서 크게 성공하지 못하였습니다. 그러다가 보잉 707로 엄청난 성공을 거두면서 세계 최고의 상용 비행기 제작사가 되었습니다. 이후 717, 727, 737, 747, 757, 767, 777, 787 등이 개발/판매되었으며, 현재(2024년 기준)는 737, 767(화물기), 777, 787 시리즈만이 제작되고 있습니다. 특히 보잉사의 항공기들 중 우리에게 친숙한 비행기로는 하늘의 여왕이라고 불리던 보잉 747이 있습니다. 헐리웃 영화에서도 자주 볼 수 있는 커다란 비행기입니다. 이 비행기는 1970년 취항한 후 50여 년간 1,574대가 생산되었으며, 마지막으로 생산된 747은 2023년 2월 1일 아틀라스 에어(Atlas Air)에 인도되었습니다. 이 마지막 화물형 747을 인도한 후 보잉사는 747 생산라인을 폐쇄하였습니다. 이날 등록번호 N863GT인 마지막 보잉 747기는 미국 워싱턴주 페인필드 공항을 이륙하여 아틀라스의 거점

공항까지 날아가는 동안 평소와는 다른 궤적을 그리며 날아갔는데요, 이 궤적이 '747'에 왕관을 씌운 듯한 모습이어서 항덕들 사이에서는 큰 화재가 되기도 했었습니다. (인터넷 검색사이트에서 '마지막 747 항로'로 검색하시면 왕관 모양의 궤적을 확인하실 수 있습니다.) 참고로 보잉사에서 마지막으로 생산한 여객형 보잉 747은 우리나라의 대한항공에서 운항하고 있습니다. 이는 2017년 8월에 대한항공에 인도된 보잉 747-8i이며, 등록번호(Registration)는 HL7644인 기체입니다. 이 기체는 런던, 파리, 뉴욕 등 장거리 노선에 자주 투입되고 있는데(취항 도시는 항공사 운영 상황에 따라 바뀝니다.) 혹시 이 비행기에 탑승하실 기회가 있으시다면 '아~ 이 기체가 마지막으로 생산된 여객형 보잉 747이구나~' 하시면 될 것 같습니다.

저는 출장을 다니면서 보잉 747-8i를 타볼 기회가 몇 차례 있었습니다. 대부분은 마지막 여객형 보잉 747-8i가 대한항공에 인도되기 전의 출장에서였습니다. 마지막 기체가 인도된 이후로만 따져보면 2018년도 2월말에 말레이시아 쿠알라룸푸르에 업무가 있어서 대한항공을 타고 출장을 다녀왔는데요. 이때 보잉 747-8i를 타고 다녀왔습니다. 사실 일정상으로는 말레이시아 항공의 항공편 일정이 더 편리했었지만, 2018년 1월 18일에 개장한 인천공항 2터미널을 꼭 이용해보고 싶어서 대한항공으로 예약을 했었습니다. 당시 근무 중이었던 회사에서는 제가 나름 해외 출장 꽤나 다니는 항덕이라고 소문나 있었는데요. 그런 제가 개장한 지 한 달이 넘도록 인천공항 2터미널에서 비행기를 못 타봤다는게 몹시 자존심 상하는 일이었던 것이죠. 출장 가서 일이나 제대로 할 것이지, 별걸로 다 자존심 상해한다고 황당하게 생각하실 분들도 계실거라는 생각도 듭니다만. 하여간 자칭 항덕이었던 저는 이 출장 때 살짝 불편한 출장 스케쥴을 감내하고서라도 인천공항의 새로운 터미널을 반드시 이용해보고 싶었습니다. 이 출장으로 대한민국 출국 때 탑승했던 인천발 쿠알라룸프르 행 KE671편과 돌아올 때 탑승했던 쿠알라룸프르발 인천행 여객기 KE672편이 모두 보잉 747-8i 비행기였었습니다. 새 비행기여서 기분 좋게 탔던 기억은 있는데, 항공기 등록번호까지는 미처 확인을 하지 못해서 대한항공이 보유한 9대(2024년 기준)의 보잉 747-8i중에 어떤 친구인지는 알 수 없습니다. 마지막으로 생산된 여객용 보잉 747-8i를 대한항공에서 운행하고 있다는 사실을 몰랐기 때문에 굳이 등록번호를 확인할 생각을 하지 않았던 것인데요. 지금 생각해 보면 꽤나 아쉽습니다. 그 사실을 알고 나서는 출장이 있을 때마다 보잉 747-8i에 탑승해 보려고 노력은 하고 있는데, 안타깝게도 좀처럼 기회가 생기지 않네요.

다음은 에어버스(Airbus)입니다. 에어버스는 미국의 보잉을 견제하기 위하여 유럽 국가들이 모여서 1969년에 설립한 다국적 항공 우주 기업입니다. 대표적으로 프랑스, 독일, 스페인, 영국 등이 속해 있으며,

본사는 프랑스 툴루즈에 있습니다. 에어버스에서 생산한 민간용 비행기에는 3X0 이라는 모델명이 붙어 있습니다. 300, 310, 320, 330, 340, 350, 380등을 개발하여 생산해 왔는데, 현재(2024년 기준)는 320, 330, 350 만이 생산되고 있습니다. 새로 개발한 초대형 항공기 명을 360, 370은 건너뛰어서 380 이라고 이름을 붙인 점이 특이한데요. 이유는 8 이라는 숫자가 더블 데크 항공기의 단면을 연상시켰기 때문이었다는 설이 유력합니다. 에어버스사에서 생산한 비행기들 중 일반 사람들에게 가장 유명한 비행기는 단연코 A380일 것인데요. A380 여객기는 장거리용 4발 광동체 초대형 항공기로서, 객실이 2층으로 구성되어 있는 세계에서 가장 큰 여객기입니다. 기내 면세점, 라운지, 샤워실 등이 설치되어 있어서 하늘 위의 호텔이라고 불리며, 가장 거대한 여객기라는 타이틀을 보잉 747 로부터 뺏어온 것으로도 유명합니다.

2007년 10월, 싱가포르 항공에서 최초의 상업 운항을 시작한 A380 기는 초창기에는 '웃돈'을 줘야 살수 있다는 소문이 돌 정도로 화려하게 데뷔하였습니다. 국내에는 2009년 12월 에미레이트 항공이 인천 – 두바이 노선에 A380을 투입하면서 데뷔하였고, 국적 항공사의 경우에는 대한항공이 2011년 인도받은 HL7611기가 첫 기체입니다. 하지만 기술 발전에 따라서 엔진이 네 개 달려 있는 초대형 여객기들의 연료 효율성이 엔진이 두 개인 중대형 쌍발기에 비해 부족해지면서 4발기의 인기 자체가 시들해졌습니다.

이러한 사정으로 인해서 2019년 2월에 안타깝게도 하늘 위의 호텔

A380의 생산 중단이 확정되었는데요. 마지막 생산된 A380(등록번호: A6-EVS)이 에미레이트 항공에 인도된 것을 끝으로 생산이 중지되었습니다.(글을 쓰다가 문득 궁금해서 Flightradar24 앱으로 확인해 봤더니 EK225 편으로 편성되어 두바이를 출발하여 호주 시드니로 비행 중이네요) A380은 처음 개발시에는 1,000대 이상 판매를 목표로 하였습니다. 하지만 안타깝게도 생산 목표의 1/4 수준인 251대만 생산하고 단종되었는데요. 생산된 물량의 절반인 123대를 두바이 에미레이트 항공에서 주문하였다고 합니다. 에미레이트 항공이 아니었다면 에어버스사와 A380은 어찌되었을지 아찔하네요. 제가 처음으로 A380을 타 본 것은 인천공항을 출발하여 두바이를 경유, 사우디아라비아 리야드로 가는 출장길에서였습니다. 처음으로 타보았던 에미레이트 항공 소속 A380기의 어마어마한 크기에 앞도 되었던 기억이 생생합니다. 게다가 두바이 공항에 착륙하여 환승을 위해 걸어가면서 보았던, 공항의 주기장마다 웅장한 모습으로 서 있는 A380 기체의 모습은 정말 장관이었습니다.

참고로 우리나라는 대한항공이 10대, 아시아나항공이 6대, 도합 16대의 A380을 보유하고 있는데, 이는 아랍에미레이트(123대), 싱가포르(24 대)에 이어 세계에서 세 번째로 많은 A380을 보유한 나라입니다.(2023년 기준이며, 실제 기체 수는 항공사 운영 정책에 따라 바뀔 수 있음.)

보잉과 에어버스 이외의 제작사에서 만든 비행기는 탑승기회가 많지 않습니다만, 그렇다고 아주 없는 것도 아닌데요. 그중에서도 외형적으로 가장 눈에 띄는 것은 프로펠러(터보프롭) 여객기가 아닐까 합니다. 우리나라의 국내선 및 국제선에서 운항되고 있는 대부분의 비행기는 제트 엔진을 이용하는 항공기입니다. 유일하게 울산공항을 거점공항으로 2019년 국내선 항공운항을 시작한 하이에어(Hi Air)가 프로펠러 항공기인 ATR72-500기종을 운영하였었는데요. 이 기종은 이탈리아와 프랑스의 합작사인 ATR사에서 개발한 항공기입니다. ATR72-500 모델은 원래 72석 규모로 설계되었는데, 하이에어에서는 우리나라의 소형 항공 운송사업자 면허 기준을 맞추기 위하여 이 비행기를 50석으로 개조하여 운항했습니다. 이에 따라 좌석을 20개 넘게 덜어내서 좌석간 거리가 약 97cm라고 합니다. 우리나라 항공사들이 운항중인 여객기 일반석의 좌석간 거리가 대략 74cm~87cm 인 점을 감안하면 얼마나 거리가 넓은지 알 수 있습니다. 또한 프로펠러 엔진을 가진 항공기가 제트 엔진을 가진 항공기보다 속도는 조금 느리지만, 안정성도 높고 이산화탄소($CO_2$) 배출량도 적은 친환경적인 항공기라고 합니다. 하지만 안타깝게도 이 항공사는 심한 가격 경쟁에 의한 적자 누적으로 인하여, 2023년 가을에 기업회생 절차에 들어간 상태입니다. 잘 해결되어서 다시 하늘에 날아오를 수 있기를 기대해 봅니다.

제트 여객기의 경우에는 대한항공에서 캐나다 봄바디어사(Bombardier)의 CS-300을 10대 보유하고 있습니다. 이 기체는 2017년 도입당시 대한민국 국적사로는 제주항공의 Q400(봄바디어사 제작 프로펠러 항공기)이후 10여년 만에 들여오는 보잉과 에어버스 이외 제삼의 제작사에서 만든 기체였다고 합니다. 다만 2018년 7월에 에어버스가 봄바디어사로부터 C시리즈의 생산권 및 판매권을 인수했습니다. 그래서 현재는 봄바디어의 CS-300이 아닌 에어버스의 A220-300으로 모델명이 바뀌었습니다. 이 비행기는 120명~150명 정도 탑승하는 소형 기종인데, 주로 국내선이나 국제선 단거리 노선에 투입되고 있습니다. 항덕들은 비행기의 크기나 조종석 창문 등의 외형만 보고서도 기종을 알 수 있지만 항공기에 크게 관심 없으신 분들은 외형만 보고는 구분하기 어려우실 텐데요. 그럼에도 불구하고 이 비행기는 기내로 딱 들어서는 순간 예전에 타봤던 비행기와 다른 기종이라는 것을 알 수 있습니다. 그 이유는 보잉 737 시리즈나 에어버스 320 시리즈를 탑승하면 가운데 통로를 두고 양쪽으로 3열씩 총 6열로 이코노미석 좌석이 촘촘히 배치되어 있는 구조에 익숙하실 텐데요. 이 비행기를 탑승해서 들어 가는 방향으로 보면, 통로를 기준으로 좌측에 3열 우측에 2열이 있는 비대칭 구조입니다. 대한항공 비행기에 탑승하셨는데 '어라!! 양쪽 좌석 개수가 다르네?' 싶다면 봄바디어사의 CS-300, 아니 이제는 에어버스사의 A220-300에 탑승하신 것입니다.

평소 비행기 타실 때 탑승하시는 기종에 관심 없었던 분들께서는 '아니 버스 탈 때 어느 회사에서 만든 버스인지 신경 쓰고 타는 사람이 있단 말야?'라며 황당해 하실 수도 있을 것 같습니다. 하지만 항공 덕후 중에서는 항공편 예약할 때 항공사, 요금, 일정 보다 더 우선시해서 운항기종 및 등록번호를 보고 항공편을 예약하시는 분들도 계십니다. 새로 도입된 신규 기종이 투입된 노선이라던지, 새로운 좌석이 적용된 신규 비행기 같은 경우에는 해당 기종이 운항하는 목적지로 가기 위해서가 아니라, 단지 해당 기체를 타보고 싶어서 여행을 가시는 거죠. 이런 분들은 원래 운항 예정이었던 비행기가 다른 기체로 대체되면 매우 아쉬워하시면서 여행 일정을 취소하시는 분들까지도 있을 정도입니다.

항덕이라면 누구나 가슴속에 품고 있는 버킷리스트가 있는데요. 그 중에서 특히 흥미로운 몇 가지를 소개해드리겠습니다. 첫째, 가능한 한 많은 항공사의 001편을 타보는 것입니다. '항공사의 얼굴'이라는 별명답게 특별한 느낌을 경험해 보는 것입니다. 둘째, 항덕들의 성지라 불리는 신트마르턴 국제공항(SXM)에서 비행기가 머리 위로 착륙하는 짜릿한 순간을 직접 감상하는 것입니다. 네, 착륙중인 비행기 제트엔진의 바람에 사람 몸이 날아가는 그곳입니다. 셋째, 세계 최장 논스톱 노선(2024년 기준 싱가포르(SIN) – 뉴욕(JFK), 운항 시간 18시간 40분)을 경험해 보는 것이죠. 기내에서 하루를 온전히 보내는 상상만으로도 척추가 비명을 지릅니다만. 넷째, 에어버스 또는 보잉에서 제작한 모든 여객기 기종을 모두 타보는 것! 항공기 애호가라면 한 번쯤 꿈꿔보는 목표입니다. 마지막으로, 대한항공의 1A석, '특별함'의 상징처럼 여겨지는 이 좌석에 앉아서 여행을 해 보는 것입니다. 이 버킷리스트들, 듣기만 해도 가슴이 벅차오르시나요? 이런 걸 해보고 싶은 사람도 있다니 황당하신가요?

어쨌거나 이렇게 항공기에 대하여 관심을 갖고 출장이나 여행을 떠나시면 이코노미석에서의 긴 시간을 덜 지루하게 보내실 수 있습니다. 특히 환승 공항에서 시간 여유가 있다면, 공항을 돌아다니면서 주기장에 서있는 비행기를 구경하는 재미가 상당한데요. 'A 항공사에서는 어떤 신기종을 도입했구나.', 'B 항공사에서는 우리나라에서는 보기 어려운 기종을 아직도 운항하는 구나!' 하다 보면 시간이 금방 지나가게 됩니다. 저는 지난 2024년 7월 말레이시아 세렘반으로 출장을 떠나기 위하여 인천공항 1터미널 49번 게이트에서 말레이시아 항공 MH067편의 탑승을 기다리고 있었습니다. 그러다 문득 48번 게이트를 보니 스위스 항공 LX123편 A340기(등록번호: HB-JMI)가 토잉카에 밀려 푸시백 하고 있는 것이 아니겠습니까? 엔진이 네 개 달린 일층 비행기 A340은 국내 항공사는 도입하지 않았기 때문에, 국내 공항에서는 보기 매우 힘든 기종입니다. A340기가 제 눈앞에서 사라질 때까지 창문에 달라붙어서 눈이 빠져라 구경했었습니다. 아마 사정을 모르시는 분이 저를 봤다면, 취리히로 떠나는 헤어진 연인이 탑승한 비행기를 못내 아쉬워하며 지켜보는 것으로 오해하실 수도 있었을 것 같습니다.

하여간 비행기에 관심을 갖으신다면, 공항에서의 여유시간을 지루하지 않게 보내실 수 있습니다. '나는 똑같이 생긴 비행기 구경할 시간 있으면 차라리 공항 라운지에서 맥주 한 잔 마시며 이메일 체크나 하겠다.'라던지, '별 한가한 사람 다 보겠구먼. 면세점 쇼핑할 시간도 부족한 판에 그런 한심한 짓을 하는 사람이 정말 있다고?'라고 생각 하시는 분들이 훨씬 더 많으실 지도 모르겠습니다만.

## ② 항공기 등급 구분

항공기의 외형을 보고 기종을 구분하는 방법을 설명 드리기에 앞서, 먼저 항공기 구분 방법을 알아보도록 하겠습니다.

### (a) 국제민간항공기구(ICAO)의 기준

국제민간항공기구(ICAO)에서는 항공기를 크기에 따라 A등급부터 F등급까지 6단계로 구분하고 있습니다. 항공기 사이즈 구분할 때 '주 날개 폭(Wing span)'과 '주륜 외곽의 폭(Outer main gear wheel span)'의 크기로 결정하게 되는데요. 여기서 주 날개 폭은 왼쪽 주 날개 끝에서 오른쪽 주 날개 끝까지의 길이이며, 주륜 외곽의 폭이란 주 바퀴들의 최외각 폭으로 규정하고 있습니다. 참고로, 우리가 탈수 있는 가장 큰 비행기인 A380이나 B747-8i는 F급, 중장거리 해외 여행 때 주로 타시는 B777, B787, A330, A340, A350은 E급, 국내나 단거리 해외 여행 때 주로 타시는 B737, A320은 C급 항공기입니다.

이렇게 항공기를 구분하는 이유는 공항 활주로 넓이와 길이에 따라 운항할 수 있는 항공기의 등급이 달라지기 때문입니다. 예를 들어 가장 덩치가 큰 F등급 항공기(A380, B747-8i)의 경우에는 착륙할 수 있는 공항이 매우 제한적입니다. 우리나라 공항은 대부분 C급 이상 항공기가 주로 운항 할 수 있도록 구성되어 있습니다. 하지만 여유 있는 이착륙과 비상사태까지 대비할 경우 실제로 F등급의 초대형기가 착륙 가능한 국내 공항은 현실적으로 인천공항 뿐입니다. 이처럼 F급 항공기의 경우 착륙 가능한 대형 공항이 많지 않기 때문에, 긴급 상황 발생시 대체 공항을 찾기 어려운 단점이 있습니다.

전세계는 대략 58,000개 정도의 항공 노선이 있다고 하는데요. 혹시 이 항공 노선들 중에서 가장 붐비는 노선이 어느 노선인지 아시나요? 놀랍게도 전세계의 수많은 노선 중에 가장 붐비는 것은 우리나라의 수도 서울(김포)과 제주를 다니는 노선이라고 합니다. 하지만 앞서 설명 드린 비행기의 크기 문제로, 안타깝게도 전세계에서 이용자가 가장 많은 황금 노선에 초대형 항공기인 A380을 투입하기 어렵다고 하네요.

참고로 두 번째로 붐비는 노선은 일본의 도쿄(하네다) - 후쿠오카, 세 번째는 역시 일본의 도쿄(하네다) - 삿포로 노선, 네 번째는 베트남의 하노이 - 호찌민 노선이라고 합니다. (2024년, OAG, 좌석수 기준)

(b)항공기 겉보기 체급 구분

국제민간항공기구(ICAO)의 항공기 구분 기준은 이착륙을 고려한 기술적 기준이고, 다음으로는 비행기에 탑승하는 승객의 시선으로 구분해 보겠습니다. 항덕들 사이에 통용되는 기준에 따라 소형/중형/대형/초대형 항공기로 체급을 나눠볼 수 있습니다. (단, 본 구분법은 공식 규격을 따르는 것이 아니기 때문에 사람마다 의견이 다를 수 있습니다.) 항공기에 그다지 관심 없는 분들이 출장이나 여행을 가기 위하여 비행기에 탑승하셨을 때 일반적으로 구분하는 방법인데요. 만약 "OO 출장 때 쪼그만 비행기를 타고 다녀왔어."라고 한다면 통로가 1개인 협동체 비행기(B737, A320, A220 등)입니다. 혹시 "XX 출장 때는 큰 비행기를 타고 다녀왔어"라고 하신다면 일반적으로 통로가 2개인 광동체 비행기(B777, B787, B767, A350, A340, A330 등)입니다. 한 발 더 나아가서 "내가 탄 비행기는 2층으로 된 엄청 나게 큰 비행기였어."라고 한다면 광동체 비행기 중에서도 초대형 비행기(A380, B747)라고 할 수 있습니다.

### ③ 외형에 따른 항공기 기종 구분법

우리가 자주 탑승하게 되는 비행기를 체급별로 구분하고, 보잉과 에어버스사의 대표적인 기종들을 살펴보았습니다. 이제 공항에서 이들 비행기의 외형을 보고 기종 구분하는 방법을 알아보겠습니다. 비행기의 모델을 구분하려면 먼저 체급을 확인하고, 비행기 제작사가 어디인지 구분하고, 일부 고유한 특징을 확인하면 대부분 기종을 맞출 수 있습니다. 체급은 그나마 덩치를 보면 대략적이나마 알겠는데 도대체 보잉사 비행기와 에어버스사 비행기는 어떻게 구분하는 걸까요? 보잉과 에어버스에서 제작한 비행기를 구분하는 가장 기본적인 방법은 조종석 창문(Windshield)을 보는 방법입니다. 에어버스사 비행기들은 대부분 조종석 좌우 맨 끝 창문의 상단부 귀퉁이가 대각선으로 짤려져 있는 형태입니다. 그에 비하여 보잉사 비행기들의 창문은 귀퉁이의 각이 살아 있습니다(단 최신형 비행기인 A350과 B787은 예외). 그리고 비행기 앞부분이 에어버스 비행기들은 약간 둥글고 뭉툭 한데 비하여, 보잉사 비행기들이 상대적으로 코가 뾰족하고 높은 새침한 모양입니다.

자, 그럼 구분하기 가장 쉬운 초대형 비행기부터 본격적으로 시작해 볼까요?

(a) 초대형기: B747 VS A380

이들 비행기는 딱 보기에도 엄청나게 큽니다. 2층으로 되어있고 엔진이 네 개입니다. 이 두 비행기 중에 몸통 전체가 2층으로 되어있으면 A380, 앞부분만 2층이면 B747입니다. 특히나 B747은 워낙 유명한 비행기이고 할리우드 영화에서도 많이 나오는 기체라 많은 분들이 익숙하실 것 같습니다. A380의 거대한 덩치는 다른 어느 비행기와 헷갈리고 싶어도 도저히 헷갈릴 수가 없죠. 처음 설명 드린 조종석 창문, 코 높이 등이 A380에도 적용됩니다만 굳이 그런 수고를 할 필요가 없다는 의미입니다. 괜히 함께 출장이나 여행을 떠나는 일행들과 공항에서 걸어가다가 "어? 저 비행기는 에어버스사의 A380이네?" 뭐 이정도 수준의 발언을 했다가는 "너 비행기 처음 타보는구나? 비행기 탈 때 신발 벗고 타야하는거 알지? 안 그러면 스튜어디스 누나에게 혼나!" 이런 놀림을 받으실 수도 있으니 주의가 필요합니다. 초대형기들을 보면서 좀 아는체하려면, "저 B747 은 엔진 뒷모양이 톱니 바퀴처럼 생긴 것을 보니 B747 중에서도 최신형인 8i모델 이로구먼." 뭐 이 정도는 되어야 할 것 같습니다.

(b) 중/대형기: B777 / B767 VS A330 / A340

중/대형기들은 기종이 다양해서 구분이 조금 까다로울 수 있습니다.

먼저 중/대형 비행기중, 다른 기종과 비교하여 구분이 가장 쉬운 에어버스사의 A340부터 설명 드리겠습니다. A340은 엔진이 네 개 달린 1층으로 된 비행기인데, 4발기 중에서 1층으로 된 기종은 A340이 유일합니다.

이 기종은 B777과 A330에 밀려서 별로 인기를 못 끌었던 비운의 기종인데, 20년간 380대 정도만 생산되었습니다. 게다가 대한민국 국적 항공사들은 도입하지 않은 기종이라, 우리나라 공항에서는 만나기 상당히 어려운 비행기입니다. 다만 독일 루프트한자 항공에서 예전에 인천 – 프랑크푸르트 노선(항공편 번호: LH712/713)에서 A340을 운항하였으나, 최근 들어 다른 기종들을 투입하고 있어서 한동안 인천공항에서는 A340을 만나기 어려웠었습니다. 그러던 중 2022년 11월 2일에 하이 플라이 몰타(Hi Fly Malta) 항공의 A340기종이 인천공항에 도착하여 항공 사진가들 사이에서는 화제가 되었던 적이 있습니다. 이 비행기는 인천공항에 정기 취항하는 노선이 아니고 전세기였는데요. 이 전세기를 타고 온 사람들은 다름 아닌 세계 최고의 오케스트라 중 하나인 빈 필하모닉 단원들이었습니다. 한-오스트리아 수교 130주년을 기념하여 2022년 11월 3일과 4일 서울 예술의 전당에서 있었던 내한 공연을 위하여 대한민국에 오실 때 A340 비행기를 타고 오신 것이었습니다. 어쨌거나 빈필하모닉의 연주는 저도 너무나도 보고 싶었던 공연이었는데, R석은 48만 원, 3층 꼭대기 구석자리인 C석도 9만 원이라는 어마 무시한 티켓 가격을 제 급여로는 도저히 감당할 수 없어서 눈물을 머금고 미래를 기약해야만 했던 아픈 기억이 떠오르네요. 하지만 지난 24년 5월에 반가운 소식이 있었는데요. 스위스 항공에서 2024년 5월 7일부터 인천-취리히 신규 노선(항공편 번호 : LX122/LX123)을 취항하면서, 이 노선에 A340기종을 투입한다는 것이었습니다. (단, 비행기 기종은 항공사 사정에 따라 바뀔 수 있습니다.) A340을 타보고 싶으신 분들께서는 스위스로 여행이나 출장을 한번 다녀오시는 것도 괜찮을 것 같네요. 저는 이 기종을 십여년 전 독일 출장을 가면서 처음으로 타봤었습니다. 이때 운행되던 기종은 A340-600이라는 기종이었는데, 이 루프트한자의 A340을 타면 다른 비행기에서는 절대 경험할 수 없는 매우 진귀한 경험을 해볼 수 있는데요. 아시는 바와 같이 비행기를 타시면 화장실이 기내의 앞, 중간, 뒤쪽 등 기내 곳곳에 한두 칸씩 배치되어 있습니다. 그런데 매우 특이하게도 A340을 항공기 구매시 옵션으로 화장실을 비행기 아래 쪽에 여러 개를 몰아두는 옵션이 있었는데, 이 옵션을 선택한 항공사는 독일의 루프트한자 밖에 없었다고 하네요. 루프트한자 A340을 타볼 기회가 있으시다면 화장실을 꼭 가보시기 바랍니다. 항공기 뒤편에 위치한 계단을 따라 내려가시면 마치 공중 화장실처럼 여러 개의 화장실이 모여 있는 것을 보실 수 있는데요. 하늘 위에서 다양한 인종의 남녀노소가 모여서 줄서 있다가 화장실을 이용하는 경험을 해 보실 수 있습니다. 제가 개인적으로 아쉬웠던 것은 제가 이 항공편을 이용했을 때는 비행기에 대한 지식이 미천하여, 이 경험이 이렇게 특별한 것 인 줄 몰랐다는 것입니다. '그냥 좀 희한한 비행기네.' 정도로만 생각했었습니다. 이렇게 쉽지 않은 경험이라는 것을 그때 알았더라면, 화장실을 더 여러 번 다녀왔을 텐데 너무 아깝습니다. 하여튼 별게 다 자랑입니다. 제가 그 이후로 A340을 다시 타본 것은 2018년 모잠비크 마푸토에 출장을 갔다가 돌아오는 길에서였습니다. 남아공 요하네스버그를 출발하여 홍콩으로 오는 남아프리카 항공 소속 SA286편으로 편성된 A340이었는데요. 이 비행기의 화장실은 정상적(?)인 위치에 있어서 너무 아쉬웠었습니다. 인도양 상공에서 화장실에 가려다, 너무 아쉬워서 화장실 입구를 한참 쳐다봤던 기억이 나는데요. 혹시 고소공포증이 있어서 4만 피트 상공에서는 화장실을 가지 못하는 변비 환자로 오해받았을지도 모르겠다는 생각이 문득 듭니다.

다음은 중대형 항공기 중 가장 많이 만날 수 있는 B777과 A330의 구분법입니다. 이 두 기종은 비슷한 덩치와 외형을 가지고 있기 때문에 자세히 보지 않는다면 구분이 쉽지 않습니다. 일단 비행기가 덩치가 좀 있는데, 1층이고, 엔진이 주 날개당 하나씩 총 두 개가 달려 있다면 대부분 B777 아니면 A330입니다. 물론 신기종인 B787과 A350도 이에 해당되지만, B787과 A350은 바로 구분할 수 있는 특징이 있으니, 여기서는 예외로 하고 뒤에서 별도로 설명하겠습니다. 일단 B777과 A330은 언뜻 보면 비슷해서 구분이 간단하지는 않은데, 이 두 비행기를 구분법은 먼저 처음에 설명 드린 비행기 앞쪽 조종석 창문을 보는 방법입니다. B777의 조종석 마지막 창문의 상단 끝부분이 각진 형태인데 비하여, A330의 마지막 창문 상단은 귀퉁이가 잘라진 모양을 볼 수 있습니다. 그리고 주날개 끝을 보았을 때 윙렛이 없으면 B777, 조그맣게 날개 끝이 살짝 접혀 올라가 있으면 A330입니다. 이 윙렛은 A330뿐만 아니라 다른 기종의 비행기 들에도 달려 있습니다만, B777은 윙렛이 없기 때문에 언뜻 보기에 가장 헷갈리는 외모를 가진 A330과 B777을 구분할 때는 중요한 방법 중 하나입니다. 또한 랜딩기어(지상에서 항공기를 지지해 주고 지상 주행이나 이착륙을 할 수 있게 하는 기구)에 달린 바퀴가 3쌍이면 B777, 2쌍이면 A330입니다. 3쌍인 랜딩기어는 B777만의 꽤 중요한 특징인데, 랜딩기어를 볼 수 있는 상태 라면 B777은 랜딩기어만으로도 구분할 수 있습니다.(에어버스의 최신형 A350-1000 모델의 랜딩기어가 3쌍인데, B777과 A350은 겉모습이 너무 다르게 생겼으니 헷갈리실 일은 없을 것 같습니다) 그리고 비행기의 엉덩이 부분을 보시면 B777은 비행기 동체의 평행한 상단 라인과 하단 라인이 꼬리날개 부근에서 중앙을 향해 살짝 휘어지면서 연필처럼 가운데에서 모이는 느낌이 있습니다. 하지만 A330은 동체 상단 라인이 끝까지 반듯하게 유지되고, 하단 라인이 뒤쪽에서 상대적으로 바짝 올라오는 것처럼 보입니다. 그리고 A330이 다른 항공기들과 구분되는 특징은 꼬리날개가 동체에 연결되는 부분에 타원형 모양으로 도장이 덜 칠해진 것처럼 금속 느낌의 회색을 띄고 있습니다.

B777은 B777-200 과 B777-300 두 개의 기종으로 세분됩니다. 이것은 탈출 비상구 개수를 보면 알 수 있는데 B777-200은 주 날개 기준으로 앞쪽에 두 개, 뒤쪽에 두 개 총 네 개가 있습니다. B777-300은 주 날개 앞쪽에 두 개, 주 날개 위쪽에 하나, 뒤쪽에 두 개 총 5개가 있습니다. 여기까지 구분하신다면 감히 항덕 중수라고 자부하셔도 될 것 같습니다.

여기에 외형이 유사한 기종으로 보잉사의 B767이 있습니다. 우리나라에서는 아시아나 항공에서만 여객용 B767을 운항하고 있습니다. 2022년 상반기에 HL7516기가 마지막 상업운전을 마친 뒤로는, 대한민국의 마지막 B767 국적기인 HL7528만이 현역으로 운항되었습니다. 이 기체는 1999년에 등록된 낡은 기체인데요, 주로 김포-제주 노선에 투입되고 있습니다. 아시아나 항공에서는 이 기체를 2025년에 퇴역시킬 계획을 가지고 있으며, HL7528이 퇴역하게 되면 대한민국 국적의 여객형 B767은 사라지게 됩니다. 저는 지난 24년 4월 어느 날, 부산으로 출장 가기 위하여 김포공항 국내청사에서 탑승할 비행기를 기다리고 있었습니다. 언제나처럼 공항을 돌아다니며 사랑스러운 비행기들을 구경하고 있는데, 그때 15번 게이트에 서있는 아시아나 항공 비행기가 눈에 띄었습니다. 멀리서 얼핏 보았을 때는 B777인줄 알았는데, 가까이 다가갈수록 무언가 좀 어색한 느낌이 들었는데요. 자세히 보니 마지막 B767 HL7528이었습니다. '아~ 지금이 HL7528을 공항에서 보는 마지막 순간일 수도 있겠구나!'라는 생각이 들더니 감정이 울컥하더군요. 혼자 공항로비에서 어금니 꽉 물고 울음을 참느라 혼났습니다. 이른 아침부터 낡은 비행기를 바라보며 울음을 참고 있는 중년 남자라니. 지금 생각해 보니, 주위 분들이 조금 이상하게 생각하셨을 수도 있을 것 같네요.

하여간 많은 항덕들은 대한민국 국적의 마지막 B767과의 이별을 함께 하려고 준비하고 있습니다. 이 기체는 볼일도 거의 없고 B777과 상당히 유사하게 생겨서 구분하기 어려운데요. 미묘하게 동체가 B777보다 좀 작고, B777은 비상구가 일정 간격으로 배치되어 있는데 비하여 B767은 주 날개 위에 두 개가 나란히 배치되어 있습니다. 그리고 랜딩 기어를 볼 수 있는 상황이라면, 2쌍으로 되어 있는 B767의 랜딩기어는 3쌍으로 되어있는 B777의 랜딩 기어와 확실하게 구분할 수 있습니다. 만약 이 책을 읽으시는 순간에도 B767 HL7528이 하늘을 날고 있다면, 제주도로 여행이나 출장을 가실 때 이 낡은 녀석을 탑승해 보실 것을 추천 드립니다. 오래된 기체에다가 내부도 리모델링하지 않아서 조금 불편하실 수는 있습니다. 하지만 함께 탑승하시는 일행들에게 "이 비행기는 대한민국 국적기 중 마지막 남은 보잉사의 B767 비행기인데, 기령이 25년쯤 되어서 이제 곧 퇴역할 예정이야." 라는 멘트를 날리며 주위 분들로부터 부러움과 함께 항덕으로 인정받으실 수 있습니다. 하지만 잘못하면 희한한 것이나 기억하는 한가한 사람 취급을 받으실 수도 있으니, 분위기 보시고 적당히 아는체하실 것을 권해 드립니다. 이처럼 오래 된 비행기는 타는 것만으로도 단순한 여행을 넘어 특별한 추억을 만드실 수도 있습니다.

　이번에는 양사의 최신형 항공기인 B787과 A350의 구분 방법을 알아보겠습니다. 사실 이 두 기종을 동급 항공기로 보기에는 무리가 있는데요. 일반적으로 A350은 B777과 경쟁하는 조금 더 대형 기종이고, B787은 A330과 경쟁하는 것에 가깝습니다. 하지만 편의상 양사의 최신형 기종들을 비교해 보도록 하겠습니다. 이 신기종들은 기존에 말씀드린 조종실 창문(콕핏)을 보고 보잉과 에어버스 기종을 구분하는 방법이 통하지 않습니다. 하지만 상당히 개성 있는 조종실 창문을 가지고 있어서, 이 두 기종은 조종석 창문만 보면 바로 알아보실 수 있습니다. 먼저 B787 조종석 창문의 개수는 네 개이며, 양끝 창문 모양이 5각형 모양입니다. 일반적으로 다른 대부분의 비행기들이 6개의 창문을 가지고 있는 것과 비교하여 확연히 다릅니다.(콕핏 창문에 네 개인 것은 A220 기종이 있는데, 조종석만 언뜻 보면 비슷할 수 있으나 덩치 차이가 많이 납니다.) 그리고 주 날개 끝을 보면 윙렛이 위쪽으로 접혀 있는 형태가 아니라 자연스러운 곡선을 그리며 살짝 뒤쪽으로 휘어져 있습니다. 이러한 방식을 레이키드 윙팁(Raked Wing tip)이라고 하는데 B787의 외형상 중요한 특징 중 하나입니다. 저는 B787 항공기를 2016년도에 콜롬비아 출장을 다녀오면서 처음으로 탑승해 보았는데요. 콜롬비아 수도 보고타에서 미국 로스앤젤레스로 향하는 아비앙카(Avianca) 항공 AV086 편이었습니다. 기존 여객기들의 창문은 덮개를 상하로 열고 닫는 방식이었는데, B787의 창문은 물리적 덮개 없이 5단계로 투명도가 조절되는 방식입니다. 너무 신기해서 여러 번 동작 시켜봤던 기억이 새롭네요. 항덕 중수가 되기 위한 추가 팁을 소개 드리면, B787은 B787-8, B787-9, B787-10 세 가지의 세부 기종이 있습니다. 이들은 모양으로는 구분이 어렵고, 첫 번째 문과 두 번째 문 사이의 창문 개수로 구분 가능한데요. B787-8은 창문이 9개, B787-9는 창문이 14개, B787-10은 창문이 19개입니다. 다만 자세히 세어보지 않는 한 언뜻 봐서는 구분하기는 쉽지 않습니다.

    A350의 조종석 창문은 검은색 띠가 둘러져 있어서 미녀가 진한 눈 화장을 한 것 같은 모습입니다. 선글라스를 쓴 것 같기도 하고, 조로 마스크처럼 보이기도 하고, 보기에 따라서는 너구리 같기도 하여 화제가 되었었습니다. 이렇게 개성 있는 모양의 조종석 창문만으로도 A350은 다른 비행기들과 구분이 가능합니다. 하지만 A350은 주 날개 끝에 달린 멋진 윙팁 이야기를 하지 않을 수 없는데요. 날개 끝이 하늘을 향해 위쪽으로 자연스럽게 살짝 말려 올라간 모습이 다른 항공기들과 비교하여 A350을 단연 돋보이게 합니다. 여기서도 항덕 중수를 위한 팁

이 있는데, A350 항공기는 A350-900과 동체가 더 긴 A350-1000 두 가지 기종이 있습니다. 이 둘은 랜딩 기어를 보면 구분할 수 있는데, A350-900은 두 쌍, A350-1000은 세 쌍입니다. 랜딩 기어를 볼 수 없다면 역시 첫 번째 문과 두 번째 문 사이의 창문 개수로 구분해야 하는데, A350-900은 창문 개수가 15개, A350-1000 은 창문 개수가 22개입니다.

(c) 소형기: B737 VS A320

마지막으로 공항이나 하늘에서 가장 흔하게 볼 수 있는 양사의 소형 협동체 B737과 A320을 구분해 보겠습니다. 먼저 보잉사의 B737입니다. 이 비행기는 전세계에서 가장 많이 팔린 민간 항공기라는 기록을 가지고 있으며 1967년에 출시된 이후 2022년 말까지 1만 대가 넘게 인도되었다고 합니다. 그만큼 흔하게 볼 수 있는 비행기입니다. 가장 기본적인 구분법인 조종석 마지막 창문을 보시면 귀퉁이가 각진 형태입니다. 그리고 수직 꼬리 날개를 보시면 항공기 동체 윗부분에서 상어 지느러미처럼 바로 반듯하게 올라가지 않고 중간에 한번 살짝 꺾인듯한 모습을 볼 수 있는데요. 이 꼬리 날개의 독특한 모양은 모든 비행기 중에서 유일하게 B737이 갖고 있는 특징입니다. 그리고 B737의 엔진은 앞에서 보면 아래 부분이 땅에 떨어진 반죽처럼 약간 평평한 모양입니다. 이는 B737의 키가 작기 때문에 일반적인 둥근 모양의 엔진은 이륙할 때 엔진이 활주로에 닿을 수 있어서, 이를 피하기 위해 아래 부분이 평평하게 생긴 엔진 모양으로 디자인했기 때문입니다. 비행기나 사람이나 숏다리는 서럽네요.

A320 시리즈 역시 전세계적으로 1만대 이상 팔린 베스트셀러 비행기입니다. 조종석 양쪽 마지막 창문의 상부 귀퉁이가 비스듬하게 잘려나간 듯한 모양을 하고 있으며, 꼬리 날개가 동체 상부에서 반듯하게 올라가 있습니다. 키도 B737에 비하면 훤칠하고, 앞에서 보면 엔진이 동그란 모양입니다. 보잉사의 B737과 에어버스 A320은 각각 1만대 이상 팔린 베스트셀러 항공기 답게 정말 다양한 세부 모델을 보유하고 있습니다. 이들은 도어 개수와 도어 사이의 창문 개수 등의 특징으로 구분할 수 있습니다. 관심 있으신 분들께서는 인터넷에서 추가 정보를 찾아서 공부해 보시기 바랍니다. 이들 비행기의 세부모델까지 구분 가능하시다면 진정한 항덕이라고 자부하실 수 있을 것 같습니다.

이상으로 우리가 많이 보기도 하고 타볼 기회도 많은 비행기의 기종을 구분하는 방법을 설명해 드렸습니다. 공항에서 타야 할 비행기의 탑승 시작을 기다리며 심심하실 때, 공항을 돌아다니며 활주로나 주기장에 있는 항공기들의 기종을 맞추는 재미를 즐겨보시기 바랍니다. 이러한 과정에서 비행기 기종을 식별하는 능력을 키우신다면, 어느덧 항덕이자 프로 출장러가 된 자신을 발견하실 수 있게 될 것입니다.

블레저's 노하우 2
# 플라이트레이더 24 활용

평소 비행기에 관심이 많은 분이라면 꼭 사용하셔야 할 앱이 'Flightradar24' 입니다. 이 앱은 스웨덴에서 개발된 앱으로서 전세계를 누비고 다니는 비행기들의 정보를 실시간으로 모니터링 할 수 있는 앱입니다.

이 앱을 이용하면 현재 비행중인 비행기의 출발 예정시간, 실제 출발 시간, 도착 예정시간, 항공기 기종, 등록번호, 현재 위치, 속도, 고도, 3D 뷰 등의 비행관련 실시간 정보 확인이 가능하며, 지난 항공편의 운항 정보 (출도착 시간, 운영 항공기 정보 등)도 확인 이 가능합니다.

무료앱 만으로도 충분히 사용 가능하지만 연간 구독 요금을 지불하고 유료 버전을 사용하시면 더 많은 항공 정보를 보실 수 있는데요. 항공기 기령, 시리얼 번호, 풍향, 온도, 다양한 화면 옵션, 1년간의 비행 기록 재생(무료 버전은 7일), 광고 제거 등 꽤 세부적인 정보와 다양한 기능을 이용하실 수 있습니다.

## 출장 가면 꼭 뭔가를 사와야 할까?

**저는 처음 가보는** 지역으로 출장을 가면 그곳을 대표하고 기억에 남을 수 있는 머스트 바이 아이템(Must-buy Items)들을 꼭 챙겨 사오는 편입니다. 물론 요즘에는 워낙 글로벌 물류망이 좋아져서, 웬만한 물건들은 이미 정식으로 국내에 수입이 되고 있습니다. 설령 그렇지 않은 제품이라도 컴퓨터나 핸드폰에서 몇 번의 조작을 하는 것만으로 미국이나 중국 등의 해외 온라인 마켓에서 직구하는 것도 그다지 어렵지 않습니다. 그럼에도 불구하고 현지에서 슬기로운 쇼핑을 한다면 좋은 점들이 많은데요. 이 장점들을 한번 알아보겠습니다.

아무래도 한국에서 구매하는 것 보다는 저렴합니다. 어찌 보면 너무도 당연한 이야기지만, 현지에서 직접 구매하는 경우 수입상 마진, 운송비 등이 빠지기 때문입니다. 그리고 일부 제품의 경우에는 내수용과 수출용이 다르기 때문에 현지에서 내수용을 사면 가격이 훨씬 저렴한 경우가 많습니다. 예를 들어 인도 모 화장품 회사에서 만드는 크림의 경우, 품질도 좋고 가격이 저렴하여 아는 사람들 사이에서는 꽤 유명한 제품이 있는데요. 이것을 국내에서 구매하면 인도산임에도 불구하고 가격이 생각처럼 저렴하지는 않습니다. 왜냐하면 동일한 내용물이 인도 내수용 제품의 경우에는 저렴한 플라스틱 용기에 담겨있는 반면, 수출용 제품의 경우에는 훨씬 고급스러운 유리용기에 담겨 있기 때문입니다. 그래서 이 제품을 인도에서 내수용을 구매하면, 국내에서 한 개 살 수 있는 비용으로 여러 개를 구매할 수 있습니다. 또 다른 장점은 다양한 제품들을 비교해보고 구매할 수 있다는 점입니다. 국내 정식 수입되는 제품들은 보통 한국 소비자들에게 인기있는 제품들을 선정하여 집중적으로 수입하는 경우가 많습니다. 이에 비하여 현지에서 구매하면 좀 더 다양한 라인업의 제품들을 비교해가며 구매할 수 있습니다. 물론, 많은 경우 막상 사용해보면 정식으로 수입되지 않는 이유를 알게 됩니다만. 그럼에도 불구하고 국내에서는 구하기 어려운 뜻밖의 물건을 착한 가격에 득템하는 즐거움은 절대 무시할 수 없는 매력입니다. 이처럼 현지에서의 쇼핑은 내가 무엇을 살 수 있을지 예측이 불가능하기 때문에 더 재미있는 것 아닐까 생각합니다.

그럼 제가 여태껏 해외 출장을 다니면서 현지에서 구매했던 것들 중, 나름 추천할 만한 아이템 몇 가지를 소개 드려 볼까 합니다.

### ① 인도

인도처럼 호불호가 극명하게 나누어지는 나라도 드문데요. 좋아하는 사람들은 엄청 좋아하고, 싫어하는 사람들은 쳐다도 안 보려고 하는 나라가 바로 인도입니다. 저는 업무상 인도 출장을 여러 번 다녀왔는데, 싫어 하시는 분들이 왜 싫어하는지는 이해가 되지만 그래도 상당히 흥미진진한 나라라고 생각합니다. 개인적으로는 좋든 싫든 그래도 죽기전에 한 번쯤은 꼭 가봐야 하는 나라 아닐까 싶습니다. 인도에 가면 사올 것이 참 많은데요. 먼저 히말라야(Himalaya)사의 너리싱 크림(Nourshing Skin Cream)을 사와서 저도 사용하고, 주위 여성분들께도 드립니다. 바이오티크(Biotique)사에서 나온 천연비누도 인기가 좋은 제품입니다. 그 중에서도 바질향의 비누가 가장 인기가 많은데, 피부 트러블 있으신 분들께 좋다고 하여 저도 인도에 갈 때마다 잔뜩 사오는 아이템입니다. 현지에서 사면 가격도 별로 비싸지 않아서, 혹시 출장 후 회사 동료들이나 지인들께 간단히 선물해야 하는 경우에 상당히 유용한 아이템입니다. 평소에 술을 즐기시는 애주가들께서는 반드시 사 오셔야 하는 것이 있는데요. 히말라야사의 숙취해소제(PartySmart)와 간

장약(Liv. 52 DS)입니다. 이 약들은 효과가 좋기로 유명하니 적당히 구매하셔서 주위 애주가분들에게 선물하시면 너무 좋아합니다. 인도 북쪽 히말라야 산의 천연 암염으로 만든 핑크솔트도 요리하시는 것을 좋아하시는 분들께 선물하면 인기 만점입니다.

인도 출장을 가면 인도 특유의 열악한 환경이나 그들의 스타일들 때문에 이것저것 고단한 일이 많은 것은 사실입니다. 하지만 다양한 문화를 경험하고 가성비 우수한 제품들도 구매할 수 있는데, 인도 출장 다시는 오기 싫다고 불평만 하시며 귀국하시는 출장자를 보면 그 마음을 이해 못하는 바는 아니나 살짝 아쉽기도 합니다.

### ② 프랑스

먼저 프랑스로 출장을 가신다면 꼭 사와야 하는 것이 달팡(Darphin) 크림입니다. 이것은 꼭 사와서 어머니, 아내, 여자 친구 등 주변의 여성분들께 선물하시면 매우 좋습니다. 어머니나 아내분께 선물하면 다음 날 아침 밥상이 달라지는 제품이죠. 또 샴푸계의 샤넬이라고 불리는 르네휘테르(Rene Furterer) 샴푸도 빼놓을 수 없습니다. 왠지 초록색 개구리알 같이 생긴 것이 들어있는 상당히 개성 있는 외모의 제품인데요. 탈모 방지 효과가 매우 우수하다고 해서, 주변에 탈모로 고생하시는 분들이 계시다면 꼭 사와서 선물해야 하는 제품입니다. 와인의 나라 프랑스에 갔는데 와인을 사 오지 않는다는 건 이 나라에 대한 예의가 아니라고 할 수 있습니다. 저는 국내에서도 구할 수 있는 보르도나 부르고뉴 지방의 유명 와인들 보다는 국내에는 좀처럼 수입되지 않는 유명하지 않은 지방의 조금 가격이 있는 와인을 사오고는 합니다. 이런 와인들은 가끔씩 이전에는 좀처럼 접해본 적 없었던 개성과 재미를 선사합니다. 저는 귀국하는 날 숙소 주변에서나 아니면 공항에서라도 마카롱을 꼭 사가지고 옵니다. 물론 모 방송프로에 프랑스 분이 출연하여, 한국에서 마카롱을 먹고서 저렴하면서도 훌륭한 맛을 보고 깜짝 놀라셨다고 말씀하시는 것을 들은 적이 있습니다. 그럼에도 불구하고 프랑스에서 비행기타고 날아온 아주 비싸고, 이쁘며, 달콤한 마카롱을 식구들과 함께 한 조각씩 나누어 먹습니다. 이 별거 아닌 것처럼 생각되는 소소한 행동을 통해 '나는 지구 반대편에서도 항상 우리 가족만 생각하는 최고의 가장이고 아빠야!' 라고 어필할 수 있는 천금 같은 기회를 놓치는 것은 바보 같은 짓입니다.

### ③ 크로아티아

성인 남성의 옷장 안에 최소 몇 개쯤은 걸려있는 패션 아이템이 넥타이입니다. 이런 넥타이의 시초는 패션이 발전한 프랑스나 이탈리아가 아닐까 예상들 하실 텐데요. 실제 넥타이의 원조는 크로아티아라는 것을 아시는 분은 별로 없습니다.

17세기 유럽에서 발발한 '30년 전쟁' 당시 프랑스의 우방이었던 크로아티아는 군대를 프랑스로 파병하였다고 합니다. 이때 병사의 어머니나 아내, 애인들이 사랑하는 사람의 무사 귀환을 기원하는 의미로 붉은색 스카프를 만들어서 매어주었다고 하는데요. 이런 붉은색 스카프는 매고 있는 사람의 무사귀환과 몸에 마귀가 들어오지 못하게 한다는 주술적 의미를 가지고 있었다고 합니다. 프랑스 국왕이었던 루이 14세는 크로아티아의 병사들 목에 매어져 있는 붉은 스카프를 관심있게 보고는 그들 중 한 명에게 목에 맨 붉은 스카프가 무엇이냐고 물었는데요. 루이 14세의 질문이 자신을 가리키는 것으로 잘못 이해한 병사가 '크라바트'(크로아티아의 병사라는 의미)라고 대답했다고 합니다. 그 이후 루이 14세의 지시에 의해 크로아티아 병사들이 맨 것과 같은 형태의 스카프들이 생산되기 시작했는데, 이 때문에 프랑스에서는 넥타이를 'Cravate(크라바트)'라고도 부른다고 하네요. 이렇게 프랑스에서 시작하여 전세계적으로 유행하게 된 것이 현대식 넥타이의 시초라고 합니다. 크로아티아는 넥타이 종주국으로서의 자부심이 대단한데요. 매년 10월 18일은 크라바트 데이(넥타이의 날)라고 해서 이를 기념하고 있으며, 이 시즌에 크로아티아 자그레브를 방문하시면 거리 조각상에 붉은 스카프가 둘러진 것을 볼 수 있다고 합니다.

  저는 십 수년 넘게 제 목에 두르고 있던 넥타이의 발상지가 크로아티아라는 사실을 2017년도 9월에 크로아티아의 수도인 자그레브에 출장가서 알게 되었습니다. 출장 업무를 마치고 귀국하기 전날 함께 출장간

팀 동료와 함께 자그레브 시내를 돌아다닐 계획을 세웠는데, 동료가 인터넷 검색을 통해 알게 된 내용을 제게도 알려주었습니다. 자그레브는 한 나라의 수도 치고는 그리 크지 않은 도시인데, 주요 명소가 시내 중심가에 몰려있기 때문에 하루 정도 만 시간을 내면 도보로도 충분히 돌아 볼 수 있는 도시입니다. 저와 동료는 자그레브의 유명한 시장인 돌라치 시장(Market Dolac)을 구경하고 성마르코 성당으로 걸어서 이동하는 중에 크라바타(Kravata) 매장을 발견하고 들어갔습니다. 작은 가게이지만 입구에 커다란 넥타이가 걸려있어서 찾기는 어렵지 않습니다. 크라바타 매장안으로 들어가시면 개성 넘치는 다양한 넥타이들이 판매되고 있는 것을 보실 수 있습니다. 이곳에서 판매되는 모든 제품은 실크 재질의 수제품이라고 합니다. 저는 남색과 회색이 멋지게 어우러진 체크무늬 넥타이를 하나 사왔는데요. 자그레브에 또 언제 다시 가게 될 지 몰라서 아껴가며 중요한 날만 착용하고 있습니다. 여기서 중요한 날이라는 의미는 제가 다니던 회사가 뭔가 크게 잘못해서 고객에게 혼나야 하는 미팅 참석이라든지, 제가 회사에 약속한 내용을 지키지 못하여 임원 한테 깨져야 하는 날이라든지, 경쟁사를 만나서 한바탕 싸워야 하는 날 같은 때입니다. 크로아티아 장인이 한땀한땀 정성스레 만든 넥타이에 깃들어 있는 자식과 연인의 안전을 기원하는 크로아티아 여인들의 바램이 저를 지켜 주리라는 믿음 때문입니다. 효과가 있었냐구요? 저는 지금까지 회사 다니면서 크고 작은 사고를 수없이 쳤고, 지금도 치고 있지만 아직까지 회사에서 짤려 본 적은 없습니다. 제 발로 박차고 나온 적은 있습니다만.

### ④ 콜롬비아

지구상에서 우리나라의 정반대편은 아르헨티나 부에노스아이레스 부근이라고 합니다. 여기서 알 수 있듯이 우리나라에서 출장 가기 가장 멀고 힘든 대륙은 단연 남아메리카 대륙입니다. 그나마 콜롬비아는 남아메리카 대륙의 위쪽에 위치해 있어서 다른 남미 국가들에 비해서 상대적으로 가까운 편인데요. 그럼에도 불구하고 비행기 타는 시간만 최소 20시간 가까이 되기 때문에 한번 다녀오는 게 만만치 않습니다.

콜롬비아를 생각하면 마약이나 폭력 같은 부정적인 이미지도 있습니다만, 뭐니뭐니 해도 커피를 빼고 콜롬비아를 이야기할 수는 없습니다. 콜롬비아에서 재배되는 커피는 100% 아라비카(Arabica) 품종인데요. 커피 생산량으로는 브라질, 베트남에 이어 3위이지만 품질로는 단연코 세계 1위로 인정받고 있다고 하네요.

저희 아내는 취미로 바리스타 2급 자격증을 취득했을 정도로 커피에 진심입니다. 그 덕에 저도 맛있는 커피를 얻어먹기 위해서 어느 나라던 출장을 가면, 그 나라의 품질 좋고 개성 있는 커피 원두를 구하기 위하여 동분서주하는데요. 2016년도 4월에 처음으로 콜롬비아 메데인으로 출장을 갔었는데, 그 당시 현지 거래처 분에게 추천을 받아서 사온 커피 원두가 후안 발데스(Huan Valdez)입니다. 후안 발데스는 콜롬비아 커피생산자 협회에서 자국의 커피 홍보를 위해 만든 가공의 인물인데요. 콜롬비아 커피의 대명사라고 할 수 있으며 콜롬비아 커피의 품질을 보증한다고 할 수 있습니다.

후안 발데스 원두를 집에 가지고 와서 바리스타 2급 자격자인 아내가 내려준 커피를 마셔보니, 향도 좋고 산미도 좀 느껴지는 게 상당히 맛있는 커피였습니다. 제가 직접 현지에서 사온 커피라 더욱 향긋하게 느껴졌을지도 모르겠네요. 그 다음부터는 콜롬비아에 출장가면 저도 후안 발데스 커피 원두를 종류별로 다양하게 사오지만, 함께 출장 간 동료들에게도 꼭 추천을 해주곤 하였습니다. 코로나 발생하기 전 2019년 5월에 마지막으로 콜롬비아에 출장을 다녀왔는데요. 업무를 마치고 귀국하려고 짐을 싸는데 보니 27인치 여행용 캐리어의 절반을 후안 발데스가 차지하더군요. 귀국시 출입국 관리가 까다롭기로 유명한 뉴욕 JFK공항을 경유하는 항공편을 이용해야 했던 터라, 혹시 미국에서 커피 밀수범으로 의심받아 커피 원두를 모두 빼앗기는 것은 아닐까 걱정이 될 정도였습니다. 다행히 사랑스러운 커피콩들과 함께 별탈 없이 뉴욕을 거쳐 한국으로 돌아올 수 있었는데요. 커피 좋아하시는 지인들께 선물도 하고 저희도 냉장고에 커피 원두를 쟁여두고서 한동안 맛있는 커피를 내려 마실 수 있었습니다. 코로나 바이러스가 전세계를 강타한 이후로는 아쉽게도 더 이상 콜롬비아로 출장 갈 기회가 없었습니다. 이 글을 쓰다 보니 가는 데만 스무 시간 가까이 비행기 삼등석에서 지루함과 괴로움으로 사경을 헤매던 고통스러운 기억은 잊혀지고, 콜롬비아산 아라비카 커피 원두의 구수한 향만이 그리워지네요.

## ⑤ 중동(MENA)

제가 예전에 다니던 회사에서 MENA(Middle East and North Africa) 지역, 소위 중동이라고 부르는 지역에 위치한 국가들을 대상으로 많은 수출을 했던 터라 저도 중동지역 출장을 꽤 자주 다녔습니다. 사우디아라비아를 필두로 하여 UAE, 카타르, 오만, 쿠웨이트, 이집트, 바레인, 모로코. 참 여러 나라들을 모래바람 뒤집어쓰며 다녔었는데요. 이들 이슬람 문화권 국가들은 무슬림들이 술을 마시는 것을 기본적으로 엄격하게 금지하고 있습니다. 일부 국가에서는 비무슬림 외국인에 한하여 제한적인 장소에서만 조금 마실 수 있게 허락하기도 하지만, 사우디아라비아처럼 영토 내에서는 아예 술을 마실 수 없는 국가도 있습니다. 그래서 목마를 때 물 대신 (참)이슬을 마시는 저 같은 고상한 부류의 사람들은 중동 출장을 가면 참으로 고통스러운 시간을 보낼 수밖에 없는데요. 몇 해 전 사우디아라비아의 동부 공업 도시인 담맘으로 여름철에 출장을 갔을 때였습니다. 50도 가까이 되는 더운 날 모래 냄새 맞으며 땀 흘려 일하고 나니, 온몸의 세포들이 시원한 맥주 한 모금을 간절히 원했습니다. 하지만 맥주를 구할 수가 없으니 아쉬운 대로 맥주 맛 제로 알콜

음료를 사서 한 모금 마셨는데, 뭔지 모를 허탈함과 배신감이 들었습니다. 친구가 오마카세 사준다고 해서 잔뜩 기대하며 먹으러 갔는데, 계란 초밥만 계속 나올 때의 기분일까요? 아, 저는 계란 초밥을 좋아하는 편입니다만.

여하튼 이들 국가에서는 산유국답게 휘발유 가격이 굉장히 저렴한 것으로 유명합니다. 10여 년 전 처음 사우디아라비아 출장 갔을 때 현지 지사의 직원분께서 커다란 SUV 차량을 가지고 저희 일행을 픽업 나왔었는데, 법인 사무실로 이동하는 중에 주유소에 들러 휘발유를 넣었었습니다. 그 커다란 차량에 가솔린을 가득 넣고 우리나라 돈으로 1만 원이 채 안 되는 비용을 지불하는 것을 보고 깜짝 놀랐었는데, 직원 분께 물어보니 1리터에 150원 정도라고 했던 기억이 납니다. 우리나라 판매 가격의 1/10이라니! 이 나라 사람들은 참 운전할 맛나겠다며 부러워했었습니다. 그로부터 몇 년 후에 1 리터에 약 400~500원 가량으로 가격이 많이 올라서 사우디아라비아 국민들 불만이 많다고는 하지만 우리로서는 아직도 부러운 가격이 아닐 수 없습니다.(연료 가격은 전세계 동향 및 각국의 경제상황에 따라 끊임없이 변동됩니다.) 이렇듯 중동으로 출장 가면 휘발유를 잔뜩 사오고 싶은 충동에 휩싸이지만, 안타깝게도 휘발유가 가득 담긴 기름통을 가지고 있는 승객을 비행기에 태워주는 항공사는 없습니다. 중동 지역은 정말이지 기름과 모래, 금주 말고는 별로 눈에 띄는 게 없어 보이는데요. 그럼에도 불구하고 중동 출장 다녀오실 기회가 있다면 꼭 사 먹어보아야 할 것이 하나 있는데, 그것은 바로 꿀 대추입니다. 정확히는 대추야자라고 하는 것인데, 얼핏 보면 우리나라 대추와 비슷해 보이지만 사실 완전히 다른 종류의 나무 열매입니다. 이 대추야자 나무는 건조한 지역에서 잘 자라기 때문에 중동 지역에서 널리 재배되고 있다고 하네요. 이러한 대추야자에 꿀을 발라서 판매하고 있습니다. 꿀 바른 대추야자는 그냥 먹어도 달달하게 맛있지만 씨를 발라내고 그 안에 초콜릿이나 아몬드, 피스타치오 등을 넣어서 먹기도 합니다. 이것은 동네 슈퍼마켓에서도 살 수 있고, 중동 지역의 (제가 다녀본) 모든 국제 공항의 면세점에서도 구매하실 수 있습니다. 대추 색깔이 검정색에 가까울수록 더 고급이라 비싼데, 실제로 드셔 보시면 더 달고 맛있습니다. 그래서 저는 중동지역으로 출장을 다녀올 때면 귀국하는 공항 면세점에서 검은색 꿀 대추를 사 와서 지인들과 나누어 먹곤 했었습니다. 다만 짙은 색의 쭈글쭈글한 모양 때문에 살짝 드시기를 꺼려하시는 분들도 계십니다만, 한번 드셔 보시면 보기와는 다르게 정말 달콤하고 맛있어서 더 드시고 싶어지실 것입니다.

사우디아라비아로 출장가시면 꼭 사와야 할 것이 하나 더 있는데, 그것은 바로 시드르 꿀(Sidr Honey)입니다. 세계에서 가장 비싼 꿀로 알려져 있는데, 전세계 진미들을 소개한 책인 '죽기 전에 꼭 먹어야 할 세계 음식 재료 1001'에 소개되어 있어서 더 유명해진 꿀입니다. 예멘과 사우디아라비아 남부 지역에서만 채집되는 이 꿀은 물론 우리나라에도 정식 수입되어서 구할 수는 있지만 가격이 꽤 비싼 편입니다. 하지만 사우디아라비아에서 구매하시면 우리나라에서 사는 가격의 절반 이하로 구매하실 수 있기 때문에 사우디아라비아 출장 중 시드르 꿀이 눈에 띄면 무조건 사와야 하는 아이템입니다. 사오시면 직접 드셔도 좋고, 죽기 전에 꼭 먹어봐야 할 음식 재료라니 주위 분들에게 선물하기에도 상당히 괜찮은 아이템입니다.

### ⑥ 동남아시아

동남아시아 지역은 상대적으로 우리나라에서 가깝기도 하고 사업 관계도 많기 때문에 수많은 대한민국 직장인들이 출장을 많이 다니시는 지역입니다. 우리나라 기업들의 공장도 많이 진출했기도 하고, 또 그 나라들과 다양한 비즈니스가 점점 많아지고 있는 추세인데요. 제가 동남아 지역으로 출장을 가면 꼭 사오는 것들을 소개 드리겠습니다.

먼저 여기저기 아픈데 바르면 효과가 탁월한 호랑이 기름입니다. 타이거 밤(Tiger Balm)또는 호랑이 연고라고도 불립니다. 19세기 말 청나라 한의사가 개발했다고 하며, 현재는 싱가포르의 후바오라는 기업에서 만드는 피부 소염제입니다. 흰색과 빨간색 두 가지 제품이 있는데요. 흰색은 벌레 물린데, 코막힘 등에 효과가 좋고 빨간색은 근육통, 관절염 등에 좋다고 합니다. 싱가폴을 비롯한 동남아시아 대부분 국가에서 판매하고 있습니다. 우리나라에서 구하기도 어렵진 않지만, 그래도 저는 싱가폴에 출장가면 꼭 사오는 제품 중 하나입니다.

제가 처음 싱가포르 출장 다녀오는 길에 싱가포르 담당 영업사원에게 창이공항에서 비행기 타기 전에 꼭 사야 한다는 추천을 받아서 사왔던 것이 비첸향(Bee Cheng Hiang) 육포입니다. 비첸향은 1933년에 시작한 싱가포르의 식품 업체입니다. 여기서는 돼지고기, 소고기, 양고기 등 여러가지 고기로 만든 육포들을 판매하고 있는데, 저 개인적으로는 돼지고기 육포가 가장 맛있었습니다. 어른들 간식 및 술안주로도 좋고, 아이들에게도 상당히 인기가 좋습니다. 물론 지금은 한국에도 여러 매장이 오픈 했기 때문에 마음만 먹으면 집에서 가까운 매장에 방문하셔서 구매하실 수 있습니다. 그래도 저는 싱가포르 출장 가실 기회가 있으시다면 현지에서 꼭 드셔 보고 사 오시기를 추천 드립니다. 기분 탓일까요? 싱가폴에서 먹는 것이 우리나라 매장에서 파는 것보다 더 맛있는 거 같은 느낌적인 느낌입니다.

제가 말레이시아 출장가면 꼭 사왔던 것 중에 반응이 좋았던 것은 올드 타운 화이트 커피(Old Town White Coffee), 통갓 알리 커피(Tongkat Ali) 그리고 해삼 비누입니다. 올드 타운 화이트 커피는 말레이시아에서 꽤 유명한 커피 전문점인데 커피믹스도 판매하고 있습니다. 저희 회사에서 거래하던 쿠알라룸프 현지 비즈니스 파트너사의 직원이 서울 돌아갈 때 꼭 사가라며 강추했던 커피입니다. 클래식, 헤이즐넛 등 여러 가지 맛이 있는데, 한 잔 타 드시면 달달하니 맛도 좋고 동남아 기분을 느끼실 수도 있습니다. 다음은 특히나 남성 출장자 분들에게 인기가 많은 통캇 알리 커피입니다. 통캇 알리(Tongkat Ali)라는 것은 동남아 지역에 자생하는 식물인데, 우리나라의 인삼과 비슷하다고 생각하시면 될 것 같습니다. 그런데 이 통캇 알리가 유명한 이유는 남성들의 성기능을 향상시키는데 도움을 줄 수 있는 성분이 많이 포함되어 있다고 알려져 있기 때문입니다. 그래서 '말레이시아의 천연 비아그라'라는 별명을 가지고 있습니다. 갑자기 관심이 급상승하시나요? 하지만 안타깝게도 통캇 알리는 국내에서는 허가를 받지 못하여, 정식으로는 수입이 안 되고 있습니다. 우리나라에서도 알리 커피를 보신 것 같다고요? 안타깝지만 우리 나라에 정식 수입되는 알리 커피는 통캇 알리 성분이 제외된 제품입니다. 그렇기 때문에 말레이시아 출장을 가셨다면 반드시 구매하셔야 하는 것이 통캇 알리 커피입니다. 현지 수퍼마켓 등에서 어렵지 않게 구매하실 수 있는데, 주의하실 점은 포장에 통캇 알리 그림이 있는지 꼭 확인하시고 구매하셔야 한다는 점입니다. 중년의 출장자이시거나 주변에 요즘 스테미너 부족으로 힘들어 하시는 남성 지인이 계시다면 무조건 사야 합니다. 어떻게 보면 사야 하나 말아야 하나의 문제가 아니고, 캐리어의 빈 공간을 생각하면 몇 봉지나 살 수 있을까를 고민하시는 게 맞을 듯합니다.

　마지막으로는 쿠알라룸푸르 센트럴 마켓에서 구매하실 수 있는 해삼 비누입니다. 우리가 알고 있는 바다에 살고 있는 해삼으로 만들어서 해삼 비누입니다. 해삼은 먹어도 영양가가 좋지만 비누로 만들어서 사용하면 세정력도 좋고 피부에 탄력을 높여준다고 하여 여성 분들에게 인기가 많은 비누입니다. 보시면 정말 이쁜 색의 비누도 많고 가격도 크게 비싸지 않기 때문에 여러 개 구매하셔서 주위 여성 분들께 선물로 주시면 점수를 따실 수 있습니다. 다만 조금 쉽게 물러질 수 있기 때문에 조심해가며 사용해야 합니다. 저도 지난 말레이시아 출장 때 몇 개 사와서 부모님 드렸는데, 어머니가 수영 가실 때만 가져가서 혼자 사용하셔서 아버지는 이런 비누가 있는 줄도 모르시더라고요. 대신 아버지께서는 가끔 올드 타운 화이트 커피를 즐기십니다.

# 블레저 여행가의 수집 취미:
## 냉장고 자석 VS 머그컵

---

**저는 특히나** 처음 가보는 나라에 가면 그 나라의 개성을 마음껏 드러내는 기념품을 잊지 않고 사오는데요. 나라 별로 판매하는 기념품에는 정말 다양한 것들이 있습니다. 하지만 무엇인가 공통된 주제로 수집을 해보고 싶으시다면, 냉장고 자석과 머그컵을 추천합니다. 이것들은 거의 모든 나라에서 판매하고 있고, 상대적으로 부피가 작아서 가지고 다니기 부담스럽지 않으며, 가격도 너무 비싸지 않아서 좋습니다. 공항 면세점에서 구매하실 경우 냉장고 자석은 일반적으로 5천 원~1만 원 정도이며, 머그컵은 1~2만 원 정도입니다. 면세점보다 시장이나 기념품 점에서 구매하신다면 저렴한 가격에 득템하실 수도 있습니다.

이것들은 더 설명드릴 필요가 없을 만큼 이미 많은 분들이 해외여행이나 출장을 다녀오실 때 사 오시는 기념품입니다. 저 역시도 새로운 나라에 방문할 때마다 이런 기념품들을 하나 둘씩 사왔더니, 지금은 꽤 많이 모였습니다. 많은 분들이 세계 각지로 출장이나 여행 다니시며 어렵게 모은 자석들을 집안 냉장고나 현관문, 사무실 자리 등에 그냥 여기저기 붙여 두시는데요. 이렇게 보관하시면 귀중한 수집품들이 그다지 인상적으로 보이지도 않고, 분실의 우려도 있습니다. 저는 이 자석들을 한데 모아서 인테리어 소품으로 사용하고 있습니다. 자석이 붙는 철제 타공판과 그곳에 부착할 적절한 크기의 세계 지도 스티커를 구매하여, 자석 부착이 가능한 세계 지도를 만들어 거실 벽에 걸었습니다. 그리고는 그동안 모았던 자석들을 출신국(?)의 지리적 위치를 고려하여 자체 제작한 세계지도 자석판에 붙였는데요. 이렇게 한데 모아서 자석들을 보관하시면, 어렵게 구한 소중한 자석들을 분실하지 않고 잘 보관하실 수 있을 뿐만 아니라, 인테리어 효과도 꽤 훌륭합니다. 가끔 물끄러미 바라보면 '아~ 내가 이런 곳들을 다니며 열심히 돈을 벌어 왔구나.' 라는 기억을 떠올리며 스스로를 대견해하실 수도 있습니다.

　또 저는 처음 가보는 나라에 가면 그 나라의 개성을 잘 표현하는 예쁜 머그잔도 사옵니다. 처음에는 아내의 부탁으로 하나 둘 사오기 시작했는데, 어쩌다 보니 이제는 제가 더 좋아하게 되었습니다. 다양한 디자인의 머그잔들은 사용하다 보면 문득문득 그때의 출장이 떠오르기도 하고, 장식장에 두면 인테리어 소품으로도 꽤 괜찮습니다. 손님이 왔을때 이런 머그잔에 커피 한 잔 따라주고 나면, 이런저런 이야기 거리도 생기고는 합니다. 저는 시간이 꽤 지났음에도 모잠비크에서 사온 머그잔에 커피를 마시면, 마푸토 고객사 사무실에서 프레젠테이션 할 때의 긴장감이 느껴집니다. 브라질에서 사온 머그잔에 커피를 마시면 업무차 방문했던 세계 최대 수력 발전소의 웅장함이 생각나며, 사우디아라비아에서 사온 머그잔에 커피를 마시면 전력청 키맨을 만나기 위하여 고객사무실 앞 의자에 앉아 지사 부장님과 함께 몇 시간을 한없이 기다렸던 기억이 떠오릅니다.

## 블레저 관련 기타 정보

───

### ① 블레저 룩

고객사 미팅과 같은 공식적인 업무를 할 때와 퇴근 후 다양한 레저 활동을 할 때 모두 입을 수 있는 복장을 블레저 룩이라고 합니다. 다시 말하면 업무상 고객을 만날 때 거부감 없는 단정하면서 깔끔한 스타일이면서도, 업무가 끝나고 퇴근해서 개인 레저를 즐길 수 있도록 편안하면서도 활동성이 좋은 옷을 의미합니다.

특히 해외 출장의 경우 짐을 넉넉히 가져갈 수 있는 출장이라면 비즈니스 때 입을 정장과 업무 후 입을 편한 복장을 모두 가져가면 됩니다. 하지만 만약 사정상 많은 짐을 가져갈 수 없거나, 평소에도 최소한의 짐만 가지고 출장 다니시는 것을 선호하는 분이라면 블레저 룩으로 몇 벌 챙겨 가면 짐을 줄일 수 있습니다.

이러한 블레저 룩은 여행과 패션 트렌드에도 많은 영향을 주고 있습니다. 특히 개인의 개성을 중요시하고 SNS를 통한 소통이 너무나도 당연한 MZ 세대가 사회에서의 중심으로 성장해 갈수록 이러한 경향은 확대될 것으로 예상됩니다.

② 지방의 평일 수요 창출 기여

일반적인 여행은 직장인들이나 학생들이 쉬는 주말이나 연휴를 중심으로 진행이 됩니다. 하지만 블레저는 업무상의 출장이 주된 목적으로서 주중의 평일을 중심으로 진행됩니다. 따라서 출장러들이 평일에 출장 가서 체재한다는 것은 그 지역의 숙박, 식당, 지역 상점 등에 대한 소비로 이어지게 됩니다. 특히 출장 기간이 길어지면 관광 산업은 물론 기타 레저 산업 등에 대한 수요도 증가하는 등 지역 상권 활성화에 기여할 수 있습니다. 참고로 국내의 경우 부산관광 공사에서 '블레저 시티'로서의 부산을 전면에 내걸고 홍보하고 있는데요. 부산역과 영도구에서 운영 중인 워케이션 센터와 연계하여 블레저 마케팅을 활발하게 진행하고 있습니다. 지붕 없는 박물관 경주는 보유하고 있는 문화재들을 적극적으로 활용하여 블레저 도시로서 도약을 추진하고 있다고 합니다.

# 제3장
# 블레저 여행기

출장러 여러분! 낯선 곳에서 하루 종일 업무에 지쳐서 피곤하신가요?
이해합니다. 하지만 조금만 힘 내십시오! 고작 숙소 문을 열고 밖으로
나가 짧은 시간 동안 동네 한 바퀴 산책하는 정도라고 할지라도
이미 작은 여행입니다. 그리고 여행은 항상 뜻밖의 즐거움을 선사하죠.
제 3장에서는 제가 다녀왔던 출장여행들 중에서
기억에 남는 여행 몇 개를 소개 드리고자 합니다.

## 출장지에서 버킷 리스트 한 줄을 지웠다

2013년 날씨가 꽤나 쌀쌀했던 겨울 문턱에 들어선 금요일이었습니다. 한주의 긴박했던 업무들을 힘겹게 마무리하고, 불금을 함께 하기로 약속한 친구 녀석을 기다리며 퇴근 시간을 10분 가량 넘긴 때였습니다. 금요일 퇴근시간이 지나 혼자 남은 사무실에서 내 집 거실 소파에 누운 것 보다 편한 자세로 늘어져 앉아서 스마트폰으로 게임을 하고 있었습니다. 그 순간 울리는 책상 위의 전화기. 10년 경력 직장인의 머릿속에는 순식간에 불길한 예감이 전두엽을 때리며 후두부로 빠져나갔습니다. 심상치 않음을 직감하며 전화기의 LCD를 보니, 이 순간 가장 보고 싶지 않은 숫자 네 자리가 찍혀 있었습니다. 제가 다니던 회사의 경우 팀장들 사무실 자리 전화번호는 끝자리가 0번으로 끝나고, 임원들은 끝에 두 자리가 00번으로 끝나는 시스템이었습니다. 예를 들어 5740은 팀장, 5700이면 임원 전화 번호였던 것이죠. 전화기의 LCD에 덩그러니 떠있는 전화번호 끝자리는 00이었습니다. 담당 임원의 전화번호 네 자리. 자동으로 나오는 깊은 탄식. '하, 젠장'. 하지만 마치 짝사랑하는 그녀에게서 걸려온 전화를 받는 것처럼, 마지막 남은 힘을 쥐어짜 밝은 목소리로 전화를 받았습니다. 어쩌겠습니까 가라면 가고 죽으라면 죽어야 하는 장기판 위의 졸 신세. 그 이름도 찬란한 직/장/인/인 것을요.

"예~ 상무님! 강원종입니다."

"어, 그래. 강 차장 퇴근 안 하고 자리에 있었구나. 내 자리로 지금 바로 좀 와봐."

금요일날 퇴근 시간에 날벼락을 맞았습니다. 늦게 오는 친구 녀석을 속으로 원망하며 슬리퍼를 구두로 갈아 신고 다이어리와 삼색 볼펜을 하나 챙겨서 임원실로 들어갔습니다.

"상무님, 부르셨습니까?"

"음, 거기 좀 앉아봐. 강 차장, 너 무슨 바쁜 일 있어? 왜 금요일 날 퇴근 안하고 열심히 일하는 척하니? 평소에나 열심히 하지."

"상무님께서 아직 퇴근을 안 하셨는데 어떻게 감히 제가 먼저 퇴근하겠습니까?"

마음에도 없는 소리를 입이 지맘대로 지껄입니다.

"이번 주에 내가 들은 말 중에 제일 웃기는 말이구나. 너 요즘 개그맨 시험 준비하냐?"

"그럴 리가 있겠습니까. 저는 마포에 뼈를 묻을 각오로 다니고 있습니다!"

"넌 여전하구나. 농담은 됐고. 강 차장, 너 다다음 주에 브라질에 좀 다녀와야겠는데. 일정 괜찮겠니?"

"예? 브라질이요?"

처음 가 보는 나라로의 출장은 언제나 저를 설레게 합니다. 특히나 열정의 남미라니 두말할 필요도 없죠.

사실은 팀장님께서 다다음주에 창원에 있는 고객과 중요한 미팅이 있으니, 미리 출장 준비를 해두라고 하셨던 지시가 떠올랐습니다. 하지만 회사에서는 직급이 깡패. 임원 지시를 핑계 삼아 저 대신 다른 직원을 출장 보내야겠다고 잔머리를 굴립니다. 대상자는 같은 대학 후배라서 평소에 친하게 지내는 이모 과장. '이 과장~! 내가 너 좋아 하는거 알지? 브라질 다녀와서 소주 한 잔 거하게 살게~' 머릿속으로 여기까지 재빠르게 계산을 끝낸 저는 상무님께 대답했습니다.

"제 일정은 괜찮습니다만, 브라질에 무슨 일이 있습니까?"

"음. 상파울루의 박 지사장한테서 이메일이 왔는데, 이타이푸(Itaipu) 댐 수력 발전소에 뭔가 제안할 게 있다고 사람 좀 보내달라네. 내 생각에는 강차장이 제일 적임자인 것 같으니 준비해서 다녀와. 박 지점장에게서 온 메일은 너하고 안 팀장에게 전달해둘게."

"알겠습니다. 준비해서 다녀오겠습니다."

주말 잘 보내시라고 상무님께 인사를 하고 임원실을 나오는데 뜬금없이 혼자 독차지한 사무실에서 뭉기적거리고 있었던 제 스스로가 대견스러워졌습니다. 임원이 퇴근하기 전까지는 절대 자리를 비우지 마라! 이 정도는 다니는 회사에서 임원 이상을 목표로 하는 직장인들의 상식에 속합니다. 비록 저는 만년부장이 직장생활의 목표였습니다만. 모처럼만에 저희 회사 근처로 출장 온 친구 녀석에게 고객 코스프레를 하며 녀석 회사 법인카드로 신나게 마셔버린 다음 날 아침, 눈을 뜨자마자 핸드폰을 들고 회사 모바일 그룹웨어를 실행시켜 상무님께서 전달해주신 브라질 출장 관련내용을 확인했습니다.

상파울루 박 지사장께서 보내신 내용을 보니 '세계에서 가장 큰 수력발전소인 이타이푸 댐이 1984년부터 상업 운전을 시작하였는데, 운전을 시작한 지 오래 되었다 보니 일부 설비들이 노후되어 최근 크고 작은 이슈들이 발생하고 있다. 본사에서 기술 지원을 해 주면 우리 회사가 가지고 있는 솔루션을 제안하여 새로운 사업 기회를 발굴해보고 싶다.' 대략 이런 상황이었습니다. 고객과 이견이 있는데 우리 주장을 꼭 관철시켜야 한다거나, 납품한 제품에 문제가 생겨서 해결책을 제시하고 승인받아야 한다거나, 신규 프로젝트를 반드시 수주해야 한다거나 이런 부담스러운 출장이 아닌 기술 제안 출장. 상대적으로 부담이 적어서 개인적으로 가장 선호하는 출장입니다.

　상파울루 지사장님과 연락을 취해가며 이타이푸 수력발전소 대상으로 기술 제안해야 할 내용을 준비하였습니다. 일주일 남짓한 시간동안 현재 고객의 문제점, 문제 해결을 위한 당사 솔루션 제안, 경쟁사 솔루션 대비 우수성, 설치 후 A/S 방안, 다양한 가격 옵션 등 상파울루 지사장님과 의견을 조율해가며 고객 앞에서 프레젠테이션 할 자료를 준비하였습니다. 드디어 브라질로 출장 가는 날이 되었습니다. 남미 대륙은 2년 전에 다녀온 칠레 산티아고 출장 이후 두 번째 방문이었습니다. 살짝 설레는 기분으로 인천공항을 향해 출발하였습니다. 남미 대륙에서 가장 큰 나라 브라질까지 오가는 항공편은 인천공항 출발, 미국 로스앤젤레스를 경유하여 브라질 상파울루 과룰류스 공항에 도착하는 직항노선(ICN-GRU) KE061/KE062편이었습니다. 이 비행기는 인천을 출발하여 미국 로스앤젤레스까지 약 12시간 정도를 날아간 후 로스앤젤레스 공항에 착륙하여 약 2시간가량에 걸쳐서 조종사와 객실승무원을 교체하고 연료를 채웁니다. 그러고는 다시 하늘로 날아올라 아메리카 대륙을 북서쪽에서 남동쪽 방향으로 대각선으로 가로질러 상파울루로 11시간 정도를 비행하는 경로. 하늘에 떠있는 시간만 대략 23시간 이상. 그 당시 적립된 마일리지가 편도 11,637마일, 왕복 23,274마일이었습니다. 당연히 승무원 분들께서도 힘드셨겠지만, 만 하루 동안 이코노미 석에 꼼짝없이 묶여 있어야 하는 승객들은 지독한 고독과 싸워야 하는 그런 노선이었습니다. 하지만 안타깝게도 2016년에 대한항공이 경영상의 이유로 본 노선을 폐지하여 지금은 만나볼 수 없는 항공편입니다.

그 비행기를 타고 하늘 위에서 밥 네 끼 먹으며, 이코노미석에서 지루함에 몸부림치다가 정말 이러다가 내가 비행기 안에서 지겨워서 죽는 첫 번째 인간이 되는 것은 아닐까 걱정이 될 때쯤 브라질 상파울루 과룰류스 공항에 무사히 착륙하였습니다. 때때로 우리나라에서 멀리 떨어진 유럽 대륙의 국가들이나 미국 같은 나라를 지칭하면서 '지구 반대편'이라는 표현을 사용하는데, 엄밀하게 말하면 이 표현은 사실이 아닙니다.(강 작가! 너 T니? 이러실지도 모르겠습니다만) 실제로 우리나라에서 계속해서 땅을 파내려 간다면, 지구 중심핵을 통과한 후 아르헨티나 우루과이 어디쯤을 뚫고 나가게 됩니다. 참고로 지구상에서 서울의 반대편에 있는 대도시는 아르헨티나의 부에노스아이레스라고 하네요. 정이 들다 못해 마치 한 몸이 된 듯했던 비행기와 헤어져, 생소한 포루투갈 언어가 가득한 브라질 입국심사대를 통과하여 저를 마중 나오신 지사장님을 만났습니다. 최근 일주일 남짓 이메일만 주고받다가 처음 뵈었는데 전부터 잘 알고 지낸 사이였던 것처럼 그렇게 반가울 수가 없었습니다.(나중에 알고 보니 같은 대학 선배시더군요. 어쩐지) 서울을 출발할 때는 겨울 초입의 쌀쌀한 날씨였는데, 도착한 곳은 여름을 코앞에 둔 듯 후덥지근한 날씨였습니다. 지구 반대편으로 이동했다는 사실을 다시 한번 실감하였습니다.

지사장님께서 저를 픽업해서 미리 예약해두신 호텔에 데려다 주시면서, 일단 좀 쉬며 시차적응을 하고 있으면, 이따가 저녁때 데리러 올테니 함께 저녁 식사를 하자고 하시더군요. 시간 약속을 하고 룸으로 들어와서 씻고 침대에 누워 눈을 감아보았습니다. 하지만 이미 스무 시간 넘게 함께했던 비행기에서 잘 수 있는 모든 잠은 이미 다 자버린 데다가, 낮과 밤이 정반대인 시차 때문에 너무도 피곤했지만 잠이 오지는 않았습니다. 몸을 일으켜 노트북을 켜고 서울에서 준비해 온 프레젠테이션 자료를 열었습니다. 사십 여장 되는 프레젠테이션 자료를 마치 고객 앞에서 설명하듯 영어로 소리 내서 읽기 시작했습니다. 일부 핵심 내용들은 이미 중동 지역의 고객들에게 발표했던 적이 있어서 내용 자체는 크게 생소하지는 않았습니다. 그러나 영어로 프레젠테이션을 진행하는 것은 아무래도 모국어로 발표할 때 보다 더 긴장되는 것은 사실입니다. 특히 발음이 조금 어렵고 말이 꼬이는 부분을 여러 번 영어로 웅얼거려 보다가 이내 '어떻게든 되겠지.' 라는 심정으로 노트북을 덮고 나서 침대에 드러누워 TV를 틀었습니다. 지구 반대편에 있다는 것을 일깨워주듯 TV에 나온 사람들은 온통 알아듣지 못하는 말들을 하며 즐거워하고 있었습니다. 나도 모르게 까무룩 잠들었다 일어나니 어느새 상파울루 지사장님과 약속한 시간. 호텔 로비에서 먼저 도착하신 지사장님을 만나 근처 식당으로 자리를 옮겼습니다. 브라질 현지식으로 저녁 식사를 하며 지사장님께서 먼저 주의할 점을 일러주십니다.

"강 차장님, 브라질은 처음이시죠?"

"네. 남미 대륙으로의 출장은 2년 전에 칠레 출장 한 번 왔었는데 브라질은 처음입니다."

"아, 그러셨군요. 칠레 쪽은 그나마 좀 나은 편이지만 브라질은 치안이 상당히 안 좋으니 조심하셔야 합니다. 특히 저녁때는 혼자서 절대 호텔 밖으로 나가시면 안 됩니다. 혹시 담배 태우시거나 필요한 물건 있으시면 미리 사두십시오. 호텔 앞에 있는 마트에 가다가도 큰일날 수 있습니다."

남미 국가들 치안이 별로 좋지 않다는 것은 익히 들어 알고 있는 내용이지만, 남미 땅에 있다는 것을 다시 한번 실감합니다.

"얼마 전 우리 회사 상파울루 지사의 브라질 현채인이 퇴근길에 권총강도를 만나서 큰일 날 뻔했습니다."

"헐~ 퇴근길에 권총 강도를요?"

"그 이후로 저는 100달러가 들어있는 지갑을 별도로 하나 만들어서 차에 두고 다닙니다. 만약 강도를 만나게 되면 그 지갑을 던져 주려구요."

"어이구. 말은 많이 들었지만 정말 무서운 곳이군요?"

"그래서 요즘 브라질에서는 중고 방탄차 시장이 급속도로 성장하고 있습니다."

상파울루에서는 사무실을 나와서 집에 가는 퇴근 길에서도 목숨을 걸어야 하네요. 이어서 업무 일정을 설명해 주십니다.

"오늘 저녁은 술 한 잔 드신 후 푹 쉬시고, 내일은 오전에 지사 사무실에 나와서 브라질 현채인 영업사원들을 대상으로 준비해 오신 내용을 교육해주십시오. 현채인들을 잘 훈련시켜서 다음부터는 지사 자체적으로 영업활동을 해보겠습니다."

"네, 알겠습니다. 혹시 포루투갈어 통역은…."

"아! 설명은 영어로 해주시면 됩니다. 내일 다녀 보시면 느껴지겠지만, 사실 브라질 사람들은 영어를 거의 못하는데요. 저희 현채인들은 그래도 영어를 꽤 하는 편이니 걱정 안 하셔도 됩니다."

"아, 다행이네요."

"그나저나 조 상무님께서 강 차장님 칭찬이 대단하시던데요? 가방끈이 길어서 기술적 베이스가 탄탄하고, 영어도 자기 산하 직원 중에 그나마 들어줄 만 하다면서요. 하하."

'이 냥반이 괜한 말씀을.'

존경하는 상무님 덕에 저녁때 술 한 잔은커녕 호텔에 맨정신으로 돌아가 닫았던 노트북을 다시 열어서 교육 준비를 해야 할 판입니다.

"교육을 마친 후 지사 직원들과 함께 점심 식사할 예정입니다. 오후에는 제가 고객사와 미팅을 어레인지 했으니 함께 참석하면 될 것 같습니다. 강 차장님의 팀에서 다루시는 아이템에 대하여 브라질에서도 관심 보이는 고객들이 점점 늘어나고 있습니다."

지사장님께서는 본사에서 날아온 출장자를 일도 낭비하지 않고 알뜰하게 사용하실 계획을 치밀하게 수립해 두신 것이 분명해 보였습니다.

"모래 아침 비행기로 포즈 두 이과수(Foz do Iguacu)로 넘어갈 계획입니다. 오후에는 이과수 폭포에 한번 가보시죠? 멀리 지구 반대편까지 오셨는데요. 그리고 그 다음 날 이타이푸 댐 엔지니어들 대상으로 세미나를 하고 오후 비행기로 다시 상파울루로 돌아오면 될 것 같습니다."

지사장님께서 스케쥴을 타이트하게 계획하셔서 이러다가 지구 반대편까지 날아와서 일만하다 가는 게 아닌가 걱정이 들 때쯤 다행히 이과수 폭포를 들러 보자고 하셔서 얼마나 안심이 되던지요. 모두 아시는 바와 같이, 이과수 폭포는 북아메리카의 나이아가라 폭포, 아프리카의 빅토리아 폭포와 함께 세계 3대 폭포 중 하나입니다. 그 중에서도 가장 웅장 하다는 이과수 폭포는 개인적으로 꼭 가보고 싶었던 곳 중에 하나입니다.

"감사합니다~ 이과수 폭포는 브라질 출장오면 꼭 가보고 싶었던 곳입니다."

"제가 상파울루에 부임한지 3년 됐는데 저도 아직 이과수 폭포에 가보지 못했네요. 강 차장님 덕분에 저도 한번 가 보게 되었습니다. 하하."

그럼 그렇지.

상파울루에서 예정된 일정을 무사히 마치고 나서 지사장님과 함께 이과수로 이동하기 위하여 공항으로 향했습니다. 상파울루에서 이과수까지는 비행기로 2시간이 좀 안 되는 거리입니다. 비행기에서 내려 간단히 점심식사를 하고 나서, 드디어 꿈에 그리던 이과수 폭포를 향해 이동하였습니다. 그 순간만큼은 출장자로서의 업무 스트레스는 잊히고, 마치 여행자가 된 듯한 기분이 들었습니다. 이과수 폭포는 브라질과 아르헨티나 국경지대에 걸쳐 있습니다만, 사실 공원 규모만 따지면 아르헨티나 쪽이 훨씬 크고 루트도 다양하다고 합니다. 하지만 브라질 쪽 이과수 폭포를 구경할 수 있는 루트는 불행인지 다행인지 하나뿐이라 선택 장애가 있으신 분들께는 브라질 쪽 이과수가 더 편리할 수 있습니다. 폭포에 도착하여 버스에서 내리자마자, 거리가 꽤 있음에도 불구하고 폭포의 거대한 규모와 쏟아지는 폭포수 소리에 압도되었습니다. 폭포는 제가 상상했던 것 이상으로 웅장하고 강렬했습니다. 잘 조성되어 있는 산책로를 따라가면 폭포에 다가갈 수 있습니다. 폭포 관람로 끝으로 다가가면 갈수록 거대한 폭포 박력을 온몸으로 느낄 수 있는데요. 비현실적으로 느껴질 만큼 웅장하고 엄청난 물의 힘입니다. 저는 직장인 출장러인 것을 생색내려고 했던 것은 아니었습니다만, 폭포를 멀리서만 보는 거라고 생각을 했던 터라 정장을 챙겨 입고 이과수 폭포에 갔었습니다. 지금 생각해도 대체 왜 그랬는지 이해가 잘 되지 않습니다만, 하여튼 폭포수에 쫄딱 젖고 말았습니다. 다음 날 무엇을 입고 세미나를 해야 하나 걱정도 잠시 되었지만 이과수 폭포수로 샤워를 하고 있다고 생각하니 너무나도 시원하고 좋았습니다. 지구 반대편에서 상상했던 순간이 현실이 되었다는게 믿기 어려울 정도로 즐거운 경험이었습니다. 이 순간은 저의 많은 출장 중에서도 가장 기억에 남는 순간으로 기억되고 있습니다.

다음 날 실질 발전량 기준 세계 최대의 수력발전소인 이타이푸 댐에 방문하여 약 두 시간에 걸쳐서 당사의 솔루션을 소개하고 질의응답 시간을 가졌습니다. 남미 고객들은 정말 화끈하시더군요 제가 우리 솔루션이 경쟁사 제품 대비 갖는 장점과 다년간 전세계 여러 현장에서의 축적된 운영 경험 등을 소개하니 고객들께서는 꽤 만족한 듯 보였습니다. 이러다가 브라질에 매달 와야하는 상황이 되면 이코노미석 증후군에 걸리는 것은 아닐까 하며 혼자 김칫국도 실컷 마셨습니다.

출장 업무를 성공적으로 마치고 나서, 다시 상파울루와 로스앤젤레스를 거쳐 도어 투 도어(Door to Door) 30시간의 비행을 하고 한국으로 돌아왔습니다. 이후에 저를 브라질에서 환대해 주셨던 지사장님과 함께 새로운 사업 기회를 만들어보기 위하여 지속적으로 F/U(Follow Up의 약자. 직장인들에게는 해당 업무를 지속적으로 확인하고 관리하라는 의미로 사용됨)을 하였으나 결국에는 유럽의 경쟁사로 프로젝트가 넘어갔다는 소식을 전해 들었을 때는 많이 아쉬웠습니다.

하지만 아직까지도 언젠가는 또 다른 기회가 생길 것으로 믿으며 브라질 관련 프로젝트 소식들이 들리면 항상 관심 가지고 지켜보고 있습니다.

이과수 폭포! 다시 가보고 싶은 곳 일 순위입니다.

## 비행기 놓친 김에 쉬어가는 스톱오버 여행

**저는 앞서 출장** 다녀오면서 사와야 할 아이템들을 소개하면서, 현재 우리들이 착용하는 넥타이의 원조가 동유럽의 크로아티아라고 설명을 드렸었습니다. 제가 이 나라에 출장을 다녀왔던 2017년도 가을만 해도 그리 유명한 관광지는 아니었는데요. 이후에 모 유명 TV 방송사의 여행을 주제로 한 예능 프로그램에 크로아티아가 소개된 뒤로 한국 관광객도 꽤 많아졌다고 들었습니다. 그 덕에 대한항공에서 크로아티아행 직항편을 띄웠었는데, 전세계를 덮쳤던 코로나 팬데믹 때 안타깝지만 없어지고 말았습니다.

저는 2017년도에 크로아티아의 수도 자그레브에 위치한 업체와의 업무 협의를 위하여 팀 동료와 함께 출장을 다녀올 기회가 있었습니다. 그런데 재수 좋게도 함께 출장을 동행하게 된 동료는 평소에도 저와 마음이 잘 맞아서 종종 술자리도 갖는 김 차장이었습니다. 빙고! 월요일 오후에 현지에 도착하여, 화요일부터 업무 시작. 목요일 오전까지 이틀 반 동안 죽어라 일 열심히 하고, 목요일 저녁 항공편으로 자그레브를 출발하여 런던을 거쳐 귀국하는 일정이었습니다. 하지만 마음 맞는 동료와 모처럼 동유럽으로 출장을 갔는데, 그냥 돌아오는 것은 좀 아쉬웠습니다. 그래서 김 차장과 상의하여 금요일에 연차를 사용하여 자그레브를 하루 둘러본 후, 금요일 저녁에 자그레브를 출발하여 토요일에 한국에 도착하는 것으로 계획을 세웠습니다. 개인 연차도 각자 팀장님께 결재를 받았습니다. 말 그대로 하루정도 블레저 여행을 계획했던 것이죠. 우리나라에서 아시아나 항공 OZ541편을 타고 독일 프랑크푸르트로 이동, 그곳에서 크로아티아 항공 OU415편으로 갈아타고 크로아티아 도착. 귀국은 자그레브에서 크로아티아 항공을 타고 영국 런던으로 이동하여, 히드로 공항에서 다시 인천행 아시아나 항공 편을 타고 돌아오는 일정이었습니다.

크로아티아 자그레브에는 별탈 없이 도착하였습니다. 다음 날부터 이어진 바쁜 업무는 철저하게 사전 준비를 해온 꼼꼼한 김차장 덕분에 매끄럽게 마무리할 수 있었습니다. 화기애애한 분위기속에서 업무 마지막 날은 업체 임원과 함께 저녁 식사를 하였습니다. 함께 식사를 하며 앞으로도 '서로 협력을 잘해서 유럽 시장에서 사업을 확대하자!' 뭐 이런 부류의 밥 먹으면서 하면 소화 안 되는 이야기를 하며 식사를 하였습니다. 저녁을 얻어먹는 신세이니 저와 김 차장도 짧은 영어로 최선을 다 하여, "I hope we have a good relationship in future" 라던지 "Okay, I will do my best to develop new business opportunities.", "We really appreciate your sincere support." 와 같은 틀에 박힌 비즈니스 멘트를 하고 나서야 식사 자리가 마무리될 수 있었습니다. 마침내 모든 비즈니스 일정을 끝내고 숙소에 도착한 저와 김 차장. 제 방에 둘이 모여 크로아티아 맥주인 판 즐라트니(Pan Zlatni) 한 잔씩 하며, 자그레브에서의 마지막 날 관광 계획을 다시 한번 점검하고 나서 잠자리에 들었습니다. 자그레브는 비교적 크지 않은 도시이고, 주요 명소들이 시내에 집중되어 있어 걸어서도 충분히 둘러볼 수 있는 곳입니다.

다음 날 아침 일찍 일어나 자그레브 관광을 시작했습니다. 저녁 항공편을 이용하여 한국으로 돌아갈 예정이라, 호텔은 오전에 미리 체크아웃 하였습니다. 가볍게 움직이기 위하여 개인 짐들은 호텔 프론트에 맡겨 두고 자그레브 거리로 나섰습니다. 마침 날씨도 너무 덥지 않고 살짝 흐린 것이 걷기에 딱 좋은 날씨였습니다. 가볍게 차려 입고 길을 나선 저와 김 차장은 트램을 이용하여 자르레브 관광의 중심인 반 예라 치치 광장(Ban Josip Jelecic Square) 광장으로 이동하였습니다. 광장을 한 바퀴 둘러본 후 자르레브에서 가장 유명한 돌라체 시장(Market Dolac)으로 발걸음을 옮겼습니다. 이곳은 자그레브에서 가장 큰 시장 답게 여러가지 볼거리들이 많았는데, 저는 이곳에서 넥타이 모양의 멋진 냉장고 자석도 하나 장만하였습니다. 이후 자그레브 대성당(Cathedral of Zagreb), 딱 보기에도 크로아티아스러운 지붕을 갖고 있는 성 마르코 성당(Crkva sv. Marka), 스톤게이트(Stone Gate) 등을 돌아다니며 부지런히 구경하였습니다.

크로아티아 출장에서 획득한 가장 특별한 기념품은 머니머니해도 넥타이였는데요. 이 책의 앞에서 소개 드린 크라바타 넥타이를 각자 마음에 드는 것으로 하나씩 구매하여 숙소로 무사히 복귀할 수 있었습니다. 자그레브 출국 항공편은 17:50에 출발하는 크로아티아 항공의 OU420 편이었습니다. 이 항공편의 런던 히드로 공항 착륙 예정시간은 19:15. 런던발 아시아나 항공 OZ522편의 런던 히드로 공항 출발 시간은 20:50으로 환승 시간 95분. 대한민국 인천 공항에 토요일 17:30경에 도착하면, 일요일 하루 쉬고 월요일 사무실 출근. 크로아티아 출장이 이렇게 저희 계획대로 깔끔하게 완료되었다면 이 출장은 책의 한 꼭지를 차지하지 못했을 것입니다.

호텔에 맡겨 두었던 짐을 찾아서 자그레브 공항에 여유 있게 도착한 저희는 순조롭게 출국수속을 마쳤습니다. 공항 면세구역에 도착한 저와 김차장은 자칭 프로 출장러 답게 각자의 PP 카드(공항 라운지 무료 이용 멤버십 카드, 블레저's 노하우 5 참조)를 이용하여 자그레브 공항의 프라임클래스 라운지(Primeclass Lounge)에 우아하게 입장하였습니다. 화려 하진 않지만 도시를 닮아 깔끔한 라운지였습니다. 저는 라운지의 바에서 크로아티아산 화이트 와인인 Vina Laguna를 한잔 따라와서 치즈와 함께 즐기며 아기자기하면서 조화로웠던 크로아티아 자그레브를 떠나는 아쉬움을 달래고 있었습니다.

"김 차장, 이 크로아티아산 포도로 만든 화이트 와인 한 모금 마셔봐. 과일 향이 풍부하고, 산미가 균형을 잘 맞춰서 혀에 남는 자연스러운 맛이 꽤 괜찮네."

뭐 이렇게 어느 초보자용 와인 책에서 읽었던 표현들을 적당히 편집해서 한마디 했습니다. 아마 프랑스 브르고뉴 지방의 샤르도네(Chardonnay)로 만든 고급 화이트 와인이던, 칠레산 쇼비뇽 블랑(Sauvignon blanc) 품종으로 만든 데일리 화이트 와인이던, 와인병에 담아둔 청포도 주스 던 간에 저의 표현은 동일 했겠지만요.

저의 말을 들었는지 못 들었는지 라운지 내에 설치된 비행기 출도착 안내화면(FIDS: Flight Information Display System, 항공편 운항정보 시스템)을 바라보던 김차장이 걱정스러운 말투로 한마디 합니다.

"부장님, 우리가 탈 비행기가 OU420편 맞죠?"

"그렇지. 어디 보자~ 출발 시간이 40분 정도 남았으니 이제 슬슬 게이트로 이동할까?"

"딜레이(Delay) 된다는데요?"

"뭐? 정말? 얼마나?"

제 키가 10cm만 더 컸다면 머리가 라운지 천장에 닿았을지도 모를 만큼 깜짝 놀라 펄쩍 뛰어올랐습니다.

"우리 런던 히드로 공항에서 환승 시간이 넉넉하지 않은데?"

출도착 안내화면을 보니 원래 출발 예정시간이 17:50에서 18:55로 변경되어 있었습니다. 65분 지연. 프로 출장러의 직감이 말합니다. '망했다.' 김 차장이 걱정스럽게 한마디 합니다.

"부장님, 어쩌죠? 히드로 공항에서 30분만에 환승 할 수 있을까요?"

"쉽지는 않겠지만 더 이상 지연되지 않는다면 짐(위탁 수하물)은 못 따라오더라도 사람은 탈 수 있지 않을까? 짐은 나중에 아시아나 항공에서 집으로 배달해 주겠지."

"여행사에 전화해서 대체 항공편 알아볼까요? 이거 항공권이 분리발권(블레저's 노하우 4 참조)된 거라 크로아티아 항공에서는 저희 연결편 신경도 안 쓸 텐데요."

"대한항공은 아시아나보다 한 시간 먼저 런던 출발하기 때문에 어차피 아시아나 못 타면 오늘은 집에 못 가. 일단 빨리 게이트로 가 보자!"

김차장과 저는 서둘러 게이트에 도착하여 항공사 직원에게 상황을 파악해보려 했지만, 크로아티아 항공의 지상 직원들은 자기들도 잘 모르겠다는 앵무새 같은 대답뿐이었습니다. OU420편 A319기가 열심히 날아서 조금이나마 지연 시간이 줄어들기를 평소에는 믿지도 않던 신에게 빌어 봤습니다. 하지만 이미 알고 있었습니다. 항공편 지연 시간은 더 늦어지는 경우는 많아도, 앞당겨지는 경우는 거의 없다는 것을요. 가뜩이나 바쁘신 신께서 지가 아쉬울 때만 신을 찾는 저의 기도 따위는 역시 들어줄 리 없었습니다. 변경된 출발시간 15분 전이되어서야 탑승이 시작되었고, 발을 동동 구르며 다급해하는 저희는 안중에도 없다는 듯이 다른 승객들은 느긋하게 탑승했습니다. 결국 처음 변경된 출발 시간 18:55에서도 20분이 더 늦어진 19:15가 되어서야 저희는 자그레브를 떠날 수 있었습니다.

국제선이었지만 비행 정보 등을 확인할 수 있는 개인 AV 시스템도 갖추어져 있지 않은 낡은 비행기였습니다. 이륙 후 좌석 벨트 표시등이 꺼지자 서비스를 위해 지나가던 승무원에게 런던 도착 예정시간을 물어보았습니다. 20:30 예정이라는 대답. 악명 높은 히드로 공항에서 우리에게 주어질 환승 시간은 고작 20분. 아시아나 항공의 출발이 20~30분 이상 지연되지 않는다면 탑승 불가능한 시간이었습니다. 하지만 마지막 남은 희망 회로를 돌려보았습니다.

'우리가 정말 20:30에 이 비행기에서 내릴 수 있고, 아시아나 항공이 30분만 지연된다면 아직 마지막 희망이 없는 것은 아니야.'

그 순간 저는 할리우드 영화의 남자 주인공이 세상을 구하러 가는 뒷모습만큼이나 비장했습니다. 하지만 이렇게 라도 아시아나 항공이 도와주었다면 역시 한 꼭지를 차지하지 못했을 겁니다.

런던에 도착한 항공기는 런던 하늘에서 뭉기적 거리더니 20:43이 되어서야 런던 땅에 저희를 내려 주었습니다. 나중에 항공기 경로 추적 앱 '플라이트레이더24'(블레저's 노하우 2 참조)로 확인해본 결과 아시아나 OZ522편은 거의 정시에 출발하여 어차피 저희가 환승하기에는 불가능한 상황이었습니다.

프로 출장러인 저희는 플랜 B를 가동하며 업무를 분담하였습니다.
"김 차장, 여행사에 전화해서 내일 런던에서 인천으로 가는 항공편에 두 자리 있나 알아봐. 내가 오늘밤 하루 잘 수 있는 호텔이 근처에 있는지 검색해 볼게."

다행히 저희는 토요일 저녁 19:30에 출발하여 일요일 16:00에 한국에 도착하는 대한항공 KE908편의 이코노미 좌석 두 개를 구할 수 있었습니다. 또 호텔 숙박 앱에서 열심히 검색한 끝에 히드로 공항에서 지하철로 몇 정거장 거리에 있는, 시설은 허름하지만 공항과 가깝다는 이유만으로 고급 호텔 요금을 받는 호텔에 방을 구할 수 있었습니다. 겨우 한숨 돌리고 나서 숙소로 이동을 시작했습니다. 세계 주요 공항들 중에서도 영국 런던 히드로 공항의 입국 심사는 오래 걸리는 것으로 이미 악명이 높습니다. 저도 익히 들어 알고는 있었지만 정말 그날 서있는 입국심사 줄은 좀처럼 줄어 들지가 않았습니다. 이러다가는 런던에 입국도 못해보고 한국으로 출발하는 비행기를 타겠구나 라는 생각이 들때쯤 히드로 공항 출입국심사관 앞에 설 수 있었는데요. 미국식 영어에 익숙한 한국인의 귀에 우아하기 짝이 없는 영국 영어 발음은 도무지 뭔 소린지 하나도 알아들을 수 없었습니다. 잔뜩 긴장한 저를 아랑곳하지 않은 채 입국 심사관은 저를 째려보며 이것저것 많은 것을 물어봤습니다. 땀을 뻘뻘 흘리며 겨우 심사를 통과하고 나니 왜 이렇게 줄이 좀처럼 줄어들지 않는지 이해가 되더군요. 천신만고 끝에 런던 땅을 밟은 저희는 세계 최초로 개통되었다는 살짝 지저분한 런던 지하철을 타고 호텔에 도착하여 체크인을 하고 나니 자정이 다 되어가는 시간이었습니다. 자그레브를 출발하면서 위탁 수하물로 보낸 캐리어 가방은 히드로 공항 어딘가에서 주인과 떨어져 외로운 밤을 지새우고 있을 터, 저희에겐 갈아 입을 옷이나 양말 따위 없었습니다. 자그레브 공항 면세점에서 집에서 마시려고 구입한 크로아티아산 적포도로 만든 레드 와인 한 병이 곁에 있다는 것이 그나마 큰 위안이었습니다.

하루가 계획대로 되었다면 35,000피트 상공에서 유럽대륙을 벗어나 아시아 대륙으로 넘어가고 있는 아시아나 항공 비행기의 이코노미석에서 저녁 식사와 함께 와인 한 잔 마시며 영화 채널이나 뒤적거리고 있어야 했을 시간. 저와 김 차장은 런던 변두리 호텔 방에서 레드 와인을 종이컵에 따라 마시고 있었습니다. 그나마 우리 둘이 출장 온 것이 얼마나 다행이냐며 서로를 위로하면서요. TV를 틀어서 BBC 뉴스를 보다가 유난히도 까다로웠던 런던 입국 심사의 이유를 알 수 있었습니다. 2017년 9월 15일 오전 8시 20분 런던 지하철 파슨스 그린역에 들어선 지하철의 출입문이 열리자마자 마지막 객차 안에서 폭발이 있었던 것입니다. 런던에서 지하철역 폭탄 테러 사건이 있었던 날 저와 후배는 런던에 도착했던 것이죠. 다행히 사망자는 없었지만 30명 가까운 사람들이 화상을 입었다고 합니다. 그럼에도 불구하고 저와 김차장은 런던 당일치기 여행 계획을 세웁니다.

"김 차장, 내일 비행기가 저녁 일곱 시 반 출발이니, 다섯시쯤이나 히드로 공항에 도착하면 될 것 같은데 말야. 어디 구경하면 잘 했다는 소리 들을 수 있을까?"

"제가 검색을 좀 해봤는데요. 버킹검 궁전, 빅벤, 런던 아이 정도 보고 나면 대충 공항으로 출발해야 할 시간 될 것 같은데요?"

"훌륭하네. 런던 음식이야 어차피 맛없기로 유명하니 돌아다니다가 적당히 눈에 띄는 데서 한끼 때웁시다."

나름대로 완벽한 계획을 세우고 파란만장했던 하루를 마무리하기 위해 잠자리에 들었습니다. 아침에 눈을 떠보니 아내로부터 카톡 메시지가 도착해 있습니다.

"런던시내 나갈꺼지? 가는 김에 포트넘 앤 메이슨에서 홍차 좀 사다 줘. 딸기 맛으로."

남편의 습성을 너무나도 잘 아는 저희 아내는 사소한 기회도 절대 놓치는 법이 없습니다.

'아는 거 많아서 피곤하시겠어. 그나저나 포트넘 앤 메이슨이 뭐지? 무슨 바나나 맛 우유도 아니고 딸기 맛 홍차는 또 뭐람?'

포트넘 앤 메이슨은 포트넘 씨와 메이슨 씨가 약 300년 전에 설립한 백화점인데, 런던 중심부 피카디리에 위치해 있습니다. 요즘에는 홍차 전문브랜드로도 유명하다는 설명이 곁들여져 있습니다. 역시나 잡다하게 아는게 많아서, 동네 아주머니들 사이에서 다산콜센터로 불리는 저희 아내의 요구다였습니다.

호텔 식당에서 아침식사를 하며 함께 고생하고 있는 김차장에게 변경된 계획에 대하여 이야기했습니다.

"김 차장, 일정을 살짝 바꿔야겠어. 버킹검 궁전을 보고 나서, 빅벤으로 이동하기 전에 포트넘 앤 메이슨 백화점에 들러 홍차를 좀 사고, 점심 먹고 나서 빅벤을 보러 갑시다."

"네, 좋습니다. 근데 십년 가까이 부장님을 알고 지냈는데, 백화점 구경이라는 고상한 취미를 갖고 계신 줄은 이제껏 몰랐네요."

"ㅎㅎㅎ 울 와잎이 차를 즐기시는데, 영국의 포트넘 앤 메이슨이라는 가향 홍차가 유명한 가봐. 딸기맛 홍차를 좀 사다 달라네. 가정의 평화를 지키기 위해 어쩔 수 없지."

아침 식사를 서둘러 마친 후 런던 지하철을 타고 그린 파크(Green park)역에 내렸습니다. 그린 파크(The green park)는 왕립 공원중 하나로 런던의 중앙에 위치해 있습니다. 커다란 나무들과 탁 트인 잔디밭의 평화로운 분위기가 아름다운 공원입니다. 넓게 펼쳐진 잔디밭을 지나 고목들이 울창한 숲길을 한가롭게 걸어가다 보니 마치 내가 런더너(Londoner)라도 된 듯한 기분이 들었습니다. 잠시 공원의 한가로움을 즐기고 나서 버킹검 궁 앞에 도착했습니다. 공원의 여유로움과는 반대로 런던에 온 관광객은 모두 모여 있기라도 한 듯 엄청난 인파들이 모여 있었습니다. 아쉽게도 런던에서 꼭 봐야 한다는 버킹검 근위병 교대식은 볼 수 없었지만, 사진에서만 보았던 근위병을 보기위해서 궁 앞의 수많은 인파들을 겨우 뚫고 들어갔습니다. 새빨간 상의에 검정색 바지를 입고 머리에는 버킹검 근위대의 상징과도 같은 둥글고 길쭉한 모양의 검정색 모자를 쓰고 있는 근위병이 근엄하게 궁을 지키고 있습니다. 제가 반가운 마음에(혼자만의 생각이었겠지만) 근위병에게 눈인사를 건넸지만 아무런 반응은 없습니다. 김차장과 서로 버킹검 궁이 배경인지 관광객들이 배경인지 해깔리는 사진 한 장씩 찍어주었습니다. 임무를 겨우 마치고 나서 버킹검 광장 가운데 있는 번쩍번쩍 황금색으로 빛나는 빅토리아 여왕 추모비 아래에 앉아서 잠시 숨을 돌릴 수 있었습니다. 다음 계획은 가정의 행복을 지키기 위하여 포트넘 앤 메이슨 백화점에 가서 딸기 맛 홍차를 사는 것이었습니다. 어찌보면 제게는 이번 뜻하지 않은 레이오버 여행 중 가장 중요한 미션이라고 할 수 있었습니다. 런던 거리를 구경하며 슬슬 산책하듯 10여분 걸으니 백화점에 도착하였습니다. 정말 다양한 종류의 홍차들이 오래된 고급스러운 분위기의 백화점을 가득 메우고 있었습니다. 여기저기 기웃거리다가 드디어 딸기 맛 홍차를 발견하였습니다. 딸기 맛 홍차 한 통을 집어 들고, 옆에 계시던 백화점 직원 분께 어떤 제품이 베스트셀러냐고 물었습니다. 직원 추천은 복숭아 맛 홍차. 그리하여 아내가 부탁한 딸기맛 홍차와 포트넘 앤 메이슨 백화점 직원이 추천하는 복숭아 맛 홍차를 한 통씩 구매하였습니다. 고객이 원하는 것보다 한발 자국 더 앞서 나가야 성공하는 법입니다. 가격은 꽤 있었지만 한국에서 구매하는 것에 비하면 거저라고 하니 왠지 모르게 뿌듯한 기분이 들면서 계획에 없었던 런던 체류 기간 중 가장 중요한 미션을 해결했다는 안도감이 밀려왔습니다. 런던에 온 김에 유명하지만 맛은 그럭저럭이라는 피시 앤 칩스를 한번 먹어보고 싶었지만, 그 유명한 그럭저럭한 맛을 볼 수 있는 마땅한 식당이 근처에 없었던 것은 살짝 아쉬웠습니다. 어쩔 수 없이 포트넘 앤 메이슨 백화점에서 빅벤으로 가능 경로상에 있는 트라팔가 광장(Trafalgar Square) 부근에 위치한 식당에서 스파게티로 간단히 점심을 해결하였습니다. 시간이 넉넉한 개인 여행이었다면 어떻게든 피시 앤 칩스를 먹었겠지만, 예상치 않은 부록처럼 생긴 여행이라 그럴 정도의 여유는 없었습니다. '런던에서 피쉬 앤 칩스를 먹어 봤더니 소문대로 맛은 그럭저럭이었다며 자랑을 할 텐데.' 아쉬움을 뒤로하고 서둘러 빅벤으로 걸음을 옮겼습니다. 트렌디하면서도 클래식함이 적당히 어울러 있는 듯한 런던 거리를 걸어서 빅벤에 도착했습니다. 런던의 상징 빅벤 아래 도착해 보니 일부는 공사 중이라 온전한 모습을 볼 수는 없었습니다. 조금 아쉬웠지만 모든 것이 완벽할 수는 없는 거라며 위안을 삼았습니다.

마지막 목표인 런던 아이를 가까이서 보기위해 웨스턴 민스터교를 건넜습니다. 그 유명한 템스강을 건너면서 보니 대한민국 수도 서울의 한강이 얼마나 넓은 강인지 실감할 수 있었는데요. 한강의 강폭이 템스강 보다 서너 배는 넓을 것 같았습니다. 빅벤과 함께 런던의 상징인 런던 아이 대관람차를 타보려고 하였으나, 역시 세계적으로 유명한 랜드마크인지라 이를 타기 위한 줄이 너무 길었습니다. 런던에서의 하룻밤이 추가로 허용된다면 한참을 기다려서라도 한번 타보았겠지만, 저녁에 런던을 출발하는 비행기를 타야 하는 일정상 아쉬움을 뒤로하고 공항으로 향할 수밖에 없었습니다. 히드로 공항에 도착하여 출국 심사를 무사히 마친 후, PP카드를 이용하여 스카이팀 라운지에 들러 와인을 한잔 마시고 나서 비행기에 탑승하였습니다. 무사히 대한항공 인천행 KE908편 B747-8i 항공기의 비상구 창가석에 앉으니 전날의 다급했던 상황과 오늘의 부록 같은 여행이 주마등처럼 지나갔습니다. 이처럼 저에게 런던 하루 여행은 뜻하지 않은 비행기 지연으로 생긴 선물 같은 여행이었습니다. 하지만 이 짧은 여행이 저에게는 술자리가 생길 때마다 써먹는 무용담이 된 것은 두말할 필요도 없습니다.

# 첫 눈 내리면 회사 안 가는 나라

**제가 다니던 회사는** 인도의 에너지 관련 회사들과 비즈니스가 많았는데요. 2018년을 보름 정도 남겨둔 시점에 인도 출장 일정이 생겼었습니다. 원래 계획은 인도 푸네로 들어가서 사나흘간 업무를 보고나서 뉴델리로 이동. 그곳에서 이틀 정도 고객사와 미팅을 하고 귀국하는 일정이었습니다. 그런데 출장을 준비하는 중 회사의 부탄 현지 사무소를 통해 부탄 에너지 관련 공기업으로부터 미팅 요청이 접수되었습니다. 그리하여 인도 출장 후, 업무가 끝나면 부탄으로 이동해 부탄 고객과 미팅을 갖고 귀국하는 것으로 출장 일정이 급하게 변경되었습니다. 예상 못했던 부탄 출장이었는데, 부탄은 제게 참으로 생소한 나라였습니다. '히말라야 산자락에 위치한 작은 나라', '돈이 많지는 않지만 세계에서 가장 행복한 나라' 정도가 제가 알고 있는 전부였습니다. 어찌되었든 저는 처음 가보는 나라로의 출장은 수행 업무의 난이도와는 별개로 항상 기대 됩니다. 일정이 점점 구체화되고 출장 준비를 시작했는데, 부탄이라는 나라는 일단 가는 것부터 만만치 않았습니다.

먼저 항공 노선입니다. 부탄에 있는 국제 공항은 수도 팀푸에 있는 파로 공항이 유일합니다. 그런데 이 국제공항으로 가는 항공편이 많지 않습니다. 우리나라에서 가는 직항편은 당연히 없습니다. 부탄 파로 공항으로 가는 직항편이 있는 도시는 인도 뉴델리, 콜카타, 네팔 카트만두, 방글라데시 다카, 태국 방콕 등 극히 일부 국가 입니다.(항공편 상황은 항상 바뀔 수 있습니다.) 운항하는 항공사도 부탄 국영 항공사인 드루크에어(Drukair-Royal Bhutan Airlines)와 부탄의 민영항공사인 부탄항공(Bhutan Airlines) 뿐이었습니다.

당시에는 부탄 입국을 위한 비자 발급도 상당히 까다로운 편이었는데, 정확하게 딱 체류일 동안만 비자 발행이 되었습니다. 저희 일행은 첫째 날 오후 부탄 입국, 둘째 날 고객 미팅 두 건, 마지막날 출국하는 일정으로 사흘 간의 체류 비자를 받고나서 부탄 출장 준비를 마칠 수 있었습니다.

2018년도를 2주가량 남겨둔 겨울날, 인도 뉴델리에서 업무를 모두 미치고 저희 일행은 부탄 팀푸로 향하는 비행기에 올랐습니다. 저희가 이용한 항공편은 뉴델리 공항을 출발하여 부탄의 수도 팀푸(Thimphu)

의 파로(Paro) 국제공항으로 향하는 드루크에어 KB201편이었습니다. 소형 기종인 에어버스사의 A319가 투입되어 델리에서 파로까지 3시간 가량 날아가는 노선입니다. 저는 국제선 비행기를 타면 와인 한 잔 마시며 비행을 즐기는 타입이라, 화장실을 편하게 다니기 위하여 통로 쪽 좌석을 선호합니다. 이 비행에서도 습관적으로 통로 쪽 좌석에 탑승하였는데, 이때만큼 아무 생각 없이 통로 쪽 좌석을 선택한 것이 후회되는 비행은 없었고 앞으로도 있기 어려울 것 같습니다. 왜냐하면 팀푸 파로 공항을 오가는 항공편에는 아주 색다른 이유로 비행기내 명당 자리가 정해지기 때문입니다. 그 명당자리가 어디냐 하면, 팀푸행은 비행기의 주날개 위를 피한 좌측 창가, 팀푸발은 우측 창가입니다. 이들 좌석에 앉으면 비행중 에베레스트 산을 비롯한 히말라야의 여러 고봉들이 눈앞에 펼쳐지는 절경을 감상하실 수 있는데요. 이런 기회는 일생 중 좀처럼 만나기 힘들기 때문입니다. 특히 파로 공항에 착륙할 때는 히말라야 고봉들에 대한 감상이 끝나기가 무섭게 산봉우리들 사이로 비행을 하게 되는데요. 정말 비행기 날개 끝이 산자락에 닿을 듯 곡예 비행하며 공항 활주로에 접근합니다. 팀푸 파로 공항은 계기착륙 장치(ILS)가 없는 공항이기 때문에 항공기 컴퓨터의 도움 없이 순전히 조종사의 시계비행으로 착륙을 하게 되는데, 저를 비롯한 백여명의 생명줄을 쥐고 있는 기장님의 경이로운 조종 솜씨는 진정 감탄을 자아냈습니다.

팀푸 파로 공항이 우리나라에서 가장 높은 한라산 백록담(1,924m)

보다도 300m 이상 높은 히말라야 산맥 중턱 해발 2,240m 정도에 위치해 있는 데다가, 높은 봉우리들 사이로 부는 계곡풍도 심하고, 활주로 길이도 2,265m로 매우 짧습니다(인천공항 활주로 3,750m). 이때문에 부탄 팀푸 공항에 착륙하는 비행기는 5,000m가 넘는 히말라야 고봉들 사이를 스치듯 날아서 짧은 활주로에 정확히 착륙을 해야 합니다. 이것만으로도 충분히 어려운데 공항에 계기착륙장치(ILS)도 갖추어져 있지 않아서 조종사는 컴퓨터의 도움 없이 시계비행으로 착륙을 해야 한다고 하니, 부탄 파로 공항은 세계에서 가장 착륙이 어려운 공항 중에서도 최고라는 악명에 동의 하는데는 단 한 번의 착륙 경험으로 충분했습니다.

이와 같은 이유로 탐푸 공항에 착륙할 수 있는 자격을 갖춘 조종사는 전세계에 약 50 여명 정도라고 알려져 있습니다. 궁금하신 분들께서는 유튜브에서 검색해보시면 이 놀라운 비행을 간접 경험해 보실 수 있습니다. 한참 늦었지만 항덕 블레저 출장 여행자였던 저에게 이런 엄청난 비행을 제돈 한푼 들이지 않고 경험할 수 있는 출장 기회를 주신 전 회사에 다시 한번 감사드립니다.

이렇게 흥미 진진한 장면을 눈앞에서 볼 수 있는 기회를 사전 준비 부족으로 놓치고 통로 쪽 좌석인 C열에 앉았습니다. 그나마 다행이었던 점은 항공기 주날개 앞쪽 좌석이라 창문 뷰가 괜찮았던 점. 그리고 A열에 탑승하신 승객이 이런 정도의 비행은 아무렇지도 않으셨던 것인지 아니면 반대로 너무나도 긴장하셨던 것인지, 하여간 두 눈을 꼭 감고 등을 좌석 등받이에 기대신체 착륙내내 꼼짝 안 하셨다는 점입니다. 덕분에 제가 통로측 좌석에 앉아서도 비행기 창문을 통해 이런 장관을 감상할 수 있었습니다.

이렇게 시작부터 오금 저리는 비행을 마치고 마침내 착륙한 파로 공항에 스탭카(항공기 입구에서 지상으로 연결하는 계단이 설치된 차량)를 통해 내려왔습니다. 처음 마셔보는 히말라야의 공기는 차갑고 깨끗했습니다. 공기는 너무 맑아서 대기 오염도가 심하기로 유명한 인도 뉴델리의 공기로 지쳐 있던 저의 폐가 모처럼 정화되는 느낌이 들 정도였습니다. 제가 도착한 날의 파로 공항의 하늘은 살짝 흐린 날씨에 구름들이 낮게 깔려 있었는데요. 해발고도가 높아서인지 구름들이 마치 머리에 닿을 듯한 느낌이 들 정도였습니다.

파로 국제 공항 청사는 건물 외관이나 내부가 모두 부탄의 전통 건축 양식으로 되어 있는데요. 내부로 들어가니 간결하면서도 너무나도 부탄스러워 정겨운 느낌이 들었습니다. 입국 심사대를 무사히 통과하여 첫 발을 디딘 공항 밖의 풍경은 왠지 20~30년전 우리나라의 지방 소도시를 떠오르게 하는 느낌이었습니다. 물리적 이동과 함께 타임 슬립을 한 것 같은 기분이랄까요?

같이 출장 온 일행들과 함께 택시를 타고 미리 예약해둔 팀푸의 호텔로 이동하였습니다. 택시 기사는 히말라야 산자락 굽이굽이 난 왕복 2차선 도로를 상당히 빠른 속도로 요리조리 잘도 달렸습니다. 해발 2,000m를 훌쩍 넘고 난간도 부실하기 짝이 없는 좁은 2차선 도로를 달리면서, 역시 꽤 빠른 속도로 맞은편에서 달려오는 트럭을 좁은 도로에서 스치듯 지나갈 땐 택시가 움찔하며 비틀거렸습니다. 차내에서는 출장 온 일행들끼리 시시한 이야기들을 했습니다.

"이야~ 도로가 아찔한데요? 부탄 사람들은 운전면허 시험 볼 때 담력 시험도 함께 봐야겠어요."

"뭐 그래도 부탄에는 신호등이 없다니까 운전하기 편하지 않을까요? 신호 위반 딱지도 없고요."

"그나저나 이 나라에서는 눈 오는 날은 운전 어떻게 할까요? 해발도 높아서 눈 오면 길이 다 얼어버릴 것 같은데요."

"눈 때문에 차가 미끄러져서 도로를 벗어나 절벽으로 떨어지면 3박4일은 굴러야 바닥에 도착하겠는데요?"

이러 저런 출장과는 하등 상관없는 잡담들을 하다 보니 어느새 예약해 둔 호텔에 도착하였습니다. 호텔 체크인을 하고나서 각자의 방에서 쉬다가 두 시간 뒤에 로비에서 만나기로 하였습니다. 저희 일행을 부탄으로 이끄신 부탄 사무소 소장님 일행이 저희가 숙박 중인 숙소로 와서 내일 있을 2건의 고객과의 미팅에 대하여 진행 방향을 논의하고 저녁 식사를 하는 일정입니다.

대담한 척했지만 발가락에 잔뜩 힘을 줄 수밖에 없었을 정도로 아찔

했던 비행이 몹시 피곤했는지, 샤워하고 침대에 누워 잠시 눈을 감았다 뜨니 벌써 모이기로 한 시간이 되어버렸습니다. 후다닥 옷을 걸쳐 입고 호텔 로비로 내려갔습니다. 로비에는 이미 부탄 사무소 소장님과 현채인 이신 여직원 분이 도착해 계셨습니다. 일행들이 다 모이자 팀푸 시내에서 꽤 유명한 맛집이라는 부탄 식당으로 이동 하였습니다. 식사 전 정신이 모두 멀쩡할 때 서둘러 부탄 사무소 소장님께서 내일의 일정을 설명해 주셨습니다.

"미리 이메일로 보내 드린 일정에서 약간 변동이 있는데요. 오전 9시 반까지 A사를 방문해서 우리 사업 아이템별로 세미나를 진행할 계획입니다. 이 회사는 우리 아이템에 대하여 관심은 보이고 있는데 아직 구체적으로 투자 계획이 있는 단계는 아닙니다. 아이템 별로 30분정도씩 소개하시고 질의응답을 갖고 나면 두 시간 정도 걸릴 것 같습니다."

"몇 명이나 참석하나요?"

"세미나 참석 인원은 열 다섯 명 정도 될 같은데, 그 중에 설비 운영팀 팀장급 인사와 구매팀 실무 담당자도 참석한다고 하네요."

평소에 영어 프리젠테이션을 부담스러워하는 박차장이 물었습니다. "미팅 참석자들이 다들 영어를 잘하시나요?"

"사람마다 좀 다르기는 한데, 혹시 대화가 잘 안 통하면 우리 회사 직원인 카르멘 양이 도와줄 테니 너무 부담 갖지 않으셔도 됩니다."

계속해서 부탄 사무소 소장님의 일정 설명이 이어졌습니다.

"A사와의 미팅이 끝나면 팀푸 시내에서 간단히 점심을 드시고, 2시까지 D사로 이동해서 미팅을 할 예정입니다. 사실 D사와의 미팅 때문에 여러분들을 여기 부탄까지 모신거구요. D사는 인도 시장에 공급되어 운전 중인 우리 회사 아이템들에 대하여 많은 관심을 보이고 있는데요. 실제로 내년에 우리 회사와 함께 부탄내에서 파일럿 프로젝트를 통해 실효성을 검증하고자 하는 계획도 가지고 있습니다."

"아, 중요한 고객이군요."

"네, 이번 미팅에는 임원급 키맨 두 명과 팀장급 서너 명, 실무자 다섯 명 정도 참석할 것 같습니다."

이후 저녁식사에서 맥주 한 잔씩 곁들이며 부탄 시장 상황이나 생활, 볼거리 등에 대하여 이야기를 나누고 해어졌습니다.

창밖에서 들려오는 의미를 알 수 없는 아이들의 밝은 목소리와 천진난만한 웃음소리에 조금 일찍 잠이 깨졌습니다. 침대에서 나와 창밖을 보니 탐스러운 하얀 눈이 소리 없이 내리고 있었습니다. 어쩐지 어제 머리 위로 흘러가는 구름이 심상치 않더라니. 히말라야 산자락에서 보는 눈은 처음이었습니다. 아이들의 즐거운 웃음소리는 아직 얼마 내리지도 않은 눈들을 뭉쳐서 눈싸움을 하며 즐거워하는 웃음 소리였습니다. 처음 만나는 고객들 앞에서 발표할 생각을 하니 긴장이 좀 되었지만, 아이들의 즐거운 눈싸움을 보니 집에 두고 온 저희 아이들이 떠올라 입꼬리가 슬그머니 올라갔습니다. 저희 아들과 딸은 눈오리 만드는 것을 너무 좋아해서, 눈이 조금만 쌓이면 눈오리 만드는 연탄 집게처럼 생긴 도구를 가지고 집을 나서고는 합니다. 그때 저를 다시 현실로 데려오려는 듯 핸드폰이 울렸습니다. 인도 및 서아시아 시장을 담당하고 있어서, 이번 출장의 전체적인 일정을 챙기며 고생하고 있는 영업팀 오 대리 전화였습니다.

"여보세요? 오 대리님, 일찍 일어나셨네요?"

"네! 부장님, 그런데 큰일 났습니다."

"큰일? 갑자기 무슨 일인데요?"

"창밖을 좀 보세요. 눈이 내리고 있습니다!"

"네~ 안 그래도 보고 있는데요. 아이들이 나와서 눈싸움을 하고 있네요. 그게 무슨 문제라도 되나요?"

아니 눈이 좀 내리는 게 뭐가 그리 대단한 일이라고 이 친구는 호들갑인가라고 생각하고 있을 때쯤 오 대리의 설명이 이어졌습니다.

"그냥 눈이 오는 건 문제가 아닌데, 이게 첫눈이랍니다!!"

"아~ 첫눈이에요?"

히말라야 산맥 깊숙한 곳에 위치한 부탄 팀푸에서 맞이하는 첫눈이라. '첫 눈 내리는 날 안동역에서 내가 누굴 만나기로 했던가?' 잠시 감상에 빠졌습니다.

"근데 왜요? 오 대리 혹시 첫눈 오늘날 썸녀랑 홍대 앞에서 만나는 약속이라도 있어요? 이야~ 부럽네 총각!"

지금이 농담 따먹기 할 때냐는 듯 오 대리는 가볍게 한숨 한번 쉬고는 대답을 이어갑니다.

"하~ 부장님! 이 나라는 첫눈 내리는 날이 공휴일로 지정되어 있는데, 방금 부탄 TV 방송에서 지금 내리는 눈이 첫눈이라 오늘이 공휴일이라고 공식 발표했습니다. 다시 말하면 오늘 아무도 출근을 안 한다구요!! 우리는 내일 아침 비행기로 출국해야 하고요."

"헉!!!"

첫눈 내리면 학교가지 않기. 우리 딸네미 일기장에나 쓰여 있을 법한 이런 비현실적인 공휴일이 실제로 존재한다고?

"그, 그럼 어떻게 하나요?"

그제야 왜 오 대리가 이리 호들갑을 떨고 있는지 사태의 심각성을 깨달았습니다. 비자는 달랑 3일 받아왔고, 우리 일행은 내일 아침 비행기로 부탄을 떠나야만 합니다. 이대로 출장을 마치면, 어렵사리 히말라야 산속까지 출장 와서는 아이들 눈싸움이나 구경하고 돌아가는 꼴이 됩니다.

"그래서 큰일 났다고 전화 드린 겁니다. 일단 오전 일정은 캔슬입니다. 제가 부탄 소장님과 통화해보고 나서 다시 단톡방에 연락드리겠습니다. 일단 방에서 쉬고 계십시오!"

십 수 년간 30여 개국 이상 출장을 다니면서 나라별로 별별 독특한 문화들을 꽤나 겪어 봐서 이젠 웬만해서는 놀라지 않을 거라고 나름 자부했던 저였습니다. 하지만 아직 너는 이 넓은 세상에서 풋내기일 뿐이라는 사실을 일깨워 주는 첫눈이었습니다. 첫눈 내리는 날을 공휴일로 지정하는 낭만적인 나라가 소설 밖 현실에 실제로 존재하고 있은 거라고는 단 한순간도 생각해 본 적이 없었습니다. 팀푸에 내리는 첫눈 덕분에 출장 일정은 엄청나게 꼬여가고 있었지만, 이런 멋진 휴일을 우리나라에도 적용하면 경제 활성화 및 저출산 문제 해결 등 사회 전반적으로 여러 가지 장점이 있지 않겠는가 하는 망상도 잠시 해보았습니다. 초조해하며 방안을 서성인지 한 시간쯤 지났을 때, 부탄 출장자들 단톡방에 메세지가 올라왔습니다. '9시 반에 진행 예정이었던 A사와의 미팅은 취소. 2시 예정이었던 D사와의 미팅은 임원 한 명, 팀장급 인사 한 명만 참석하여 예정데로 진행 예정' 일년에 한번 있는 첫눈 내리는 휴일인데, D사의 임원 한 분과 팀장급 한 분은 저희와 미팅을 위해 오후에 잠시 출근하는 모양입니다. 처음 온 부탄에서 중요한 미팅 있는 날 첫눈 내리는 것이 제 탓은 아닙니다만 그래도 출장 보고서에 쓸 내용이 생겨서 너무 다행이었습니다.

시간이 되어 부탄 사무소 소장님의 4륜 구동 SUV를 타고서 첫눈 내리는 팀푸 시내를 가로질러서 점심 먹기 위해 식당으로 이동하였습니다.

"첫 눈 내린다고 쉰다니 모두 당황하셨죠? 하하. 저도 올해 눈이 아직 안 내려서 살짝 불안하기는 했었는데, 하필이면 오늘 첫눈이 내리네요."

"그런데 국왕께서 첫 눈 오는 날을 공휴일로 선포 하시다니, 참 로맨틱한 나라인 것 같아요. 그래서 부탄이 가장 행복한 나라라고 꼽히는 걸까요?"

"사실 로맨틱한 이유는 아니고, 첫눈이 농사의 풍요를 상징해서 그렇다는데요. 제가 보기에는 제설작업 때문이 아닐까도 생각합니다. 보시다시피 부탄이라는 나라가 히말라야 산자락에 있다 보니 도로들이 절벽 옆으로 상당히 위태롭게 난 곳들이 많은데요. 눈 오는 날 국민들이 준비 없이 나왔다가 사고를 당할 수 있으니 먼저 제설 작업을 하려는 시간을 벌려고 하는건 아닐까 생각합니다. 아~ 이건 순전히 근거 없는 제 뇌피셜입니다."

말씀을 계속 이어 가십니다.

"그나저나 D사에서 미팅 일정을 하루 미룰 수 없겠냐는 요청이 있었는데요. 한국에서 출장 오신 분들 비자 일정이 타이트해서 출국 일정을 미룰 수 없다는 것을 설명 드렸더니 다행히 키맨들께서 오늘 우리와의 미팅을 위해 출근하겠다고 해주셨습니다."

식사를 마친 후 고객과의 약속 시간에 맞춰서 D사에 방문하였습니다. 국내에 있을 때 바쁜 일이 있으면 공휴일에 회사에 출근해서 텅 빈 사무실에서 일해본 적은 종종 있었습니다만, 해외 출장까지 와서 공휴일날 아무도 없는 고객사를 방문해 보는 것은 처음 있는 일이었습니다. 다정한 느낌의 50대로 보이는 임원 분과 활력이 넘치시는 40대로 보이는 팀장님께서 저희 일행을 맞이해 주셨습니다. 어쩌다 보니 고객들 보다 저희 일행이 더 많아져 버렸습니다. 준비해 온 프레젠테이션을 마치고 질의응답이 이어졌는데, 고객들께서 저희 회사 제품에 대해 이해가 깊으셔서 꽤 날카로운 질문이 이어졌습니다. 저희 출장자 일행도 고객들을 최대한 설득시키고 우리 회사 아이템의 성능상 장점과 경쟁사 대비 가격적 우위를 최선을 다하여 설명 드렸습니다. 두 시간 동안의 열띤 발표와 질의응답이 오가고 나서 고객사 임원 분의 마지막 인사가 이어졌습니다.

"오늘 설명 너무 감사드립니다. 원래 계획대로 진행이 안되어 좀 아쉽습니다만, 그래도 오늘 미팅이 저희에게 많은 도움이 되었습니다. 내년에 양사가 함께 부탄 내에서 파일럿 프로젝트를 진행했으면 좋겠습니다."

미팅을 잘 마치고 나서 긴장이 풀려서 고객사 사무실을 나왔습니다. 그때까지도 눈이 조금씩 내리고 있었는데, 눈이 와서인지 날씨가 꽤 쌀쌀 했습니다. 부탄 사무소 소장님의 SUV를 타고 호텔로 돌아오는 길에 소장님께서 걱정스레 말을 꺼내셨습니다.

"내일 파로 공항에서 몇 시에 출발하는 항공편이시죠?"

"예. 11시에 출발하는 방콕행입니다."

"11시라~ 아직까지도 눈발이 날리는 것을 보니 혹시 밤새 도로가 얼지도 모르겠습니다. 만약 그렇게 되면 내일 아침 일찍 파로 공항 가시는 길이 좀 위험할 수도 있을 것 같은데요?"

"헉."

출장자들이 동시에 숨을 멈춥니다. 아마도 이 순간 모두의 머릿속에는 어제 공항에서 올 때 보았던 절벽 옆으로 난 좁은 2차선 도로위에서 미끄러지며 바퀴 달린 관이 되어버린 차 안에서 3박4일 동안 구르고 있는 자신의 모습이 떠오른 것 같았습니다. 아직 이 출장은 끝난 것이 아니었습니다.

저희 일행은 숙소에 도착하여, 호텔 측에 저희가 처한 상황을 설명하고 양해를 구하였습니다. 다행히 추가 수수료 없이 예약을 취소하고, 파로 공항 바로 옆에 있는 작은 숙소를 예약할 수 있었습니다. 일행 모두가 재빠르게 짐을 챙겨 나와서 안전하게 생긴 커다란 SUV 택시를 탔습니다. 바쁘게 움직인 덕에 해발 2,000m 고도에서 절벽 옆으로 난 이차선 도로들이 스케이트장으로 변신하기 전에 공항 근처 숙소에 사상자 없이 도착할 수 있었습니다. 저희 일행은 팀푸 시내 중심가에 위치한 3성급 호텔을 떠나, 파로 공항 활주로 근처에 위치한 별 반 개도 아까운 숙소에 짐을 풀고 나서야 한숨을 돌리나 했는데요. 하지만 아직 끝이 아니었습니다. 한 겨울에 도착한 해발 2,400m에 위치한 숙소는 안타깝게도 난방이 제대로 되지 않았습니다. 호텔 직원에게 방이 너무 추우니 온도를 좀 높여 달라고 사정해보았지만, 친절하게 생긴 여성 직원은 순박한 미소를 지으며 고개를 끄덕일 뿐 시간이 지나도 여전히 방에서는 새하얀 입김이 나왔습니다. 얼마나 또렷한 지 입김에다 글자도 쓸 수 있을 정도였습니다. 설마 이게 최고 온도? 그제서야 상황을 파악한 눈치 없는 프로 출장러는 본능적으로 플랜B를 급히 가동하여, 캐리어를 열고 빨래들 냄새를 맡기 시작했습니다. 결국 상대적으로 덜 축축하면서 냄새를 그나마 참아줄 만한 빨래들을 최대한 골라낼 수 있었는데요. 그러고 나서 조금 전까지 빨래라고 불렸던 그 옷들을 최대한 껴입었습니다. 앞으로는 귀국을 준비하며 짐을 쌀 때에도 아주 못 입을 빨래와 긴급 상황에 다시 입을 수 있는 빨래를 구분해서 짐을 싸야겠다는 교훈을 얻으면서 말이죠. 빨래들을 입고 거울 앞에 서니 남극점 탐험을 나서는 비장한 탐험대원 같은 저의 모습을 확인할 수 있었는데요. 그제야 겨우 잠을 좀 잘 수 있었습니다. 아침에 눈을 뜨자마자 호텔이란 간판을 달고 있는 여인숙 밖으로 나가서 하늘을 바라보았습니다. 다행히 맑게 갠 하늘을 바라보니 기분이 좋아졌습니다. 일행들은 함께 모여 열악한 호텔 난방에 불만을 토로하며, 간단히 아침 식사를 하고나서 짐들을 챙겨 파로 공항으로 이동하였습니다. 드디어 집으로 돌아갈 수 있게 되었다고 기뻐하며 도착한 파로 공항. 하지만 그곳에서 저희를 기다리고 있던 소식은 어찌보면 당연히도 항공편 '지연'. 계기착륙장치(ISL)도 설치되어 있지 않을 정도로 열악한 국제 공항의 활주로 관리 능력을 너무 신뢰했던 것일까요? 마음을 비우고 일단 항공사 카운터에서 티케팅을 했습니다. 파로 공항을 출발할 때는 우측편 창가에 앉아야 히말라야 고봉을 볼 수 있다는데, 준비 안 된 출장자에게 돌아갈 몫의 우측 창가석은 이미 없었습니다.

아쉬운 대로 겨우 날개 위 좌측 창가 자리를 잡았습니다. 파로 공항 검색대를 지나서 출국 수속을 마치고 나서 기약도 없이 얼마나 기다려야 할지 막막해하고 있는데 인도 서남아시아 전문가 오 대리가 솔루션을 제시했습니다. "여기 파로 공항에는 드루크 라운지(Druk Lounge)라는 곳이 있는데요. PP카드는 사용할 수 없지만, 입장 요금이 285 눌트럼이니까 우리나라 돈으로 5,000원이 조금 안됩니다. 다른 나라 국제 공항 라운지에 비하면 좀 부실하지만 그래도 얼마나 기다려야 할지 모르니 아쉬운 데로 이곳이라도 가서 기다리시는게 어떨까요?"

결국 라운지에서 회사 노트북을 켜고 밀린 일들을 하다가 원래 출발 시간을 5시간이나 훌쩍 넘겨서 두르크에어 KB150편에 탑승할 수 있었습니다. 불행 중 다행이었던 점은 비행기 창문 너머로 보였던 눈 덮인 히말라야 산맥의 장관과 방콕 수완나품 공항에서 인천행 비행편으로의 환승 여유 시간이 7시간이었던 점이었을까요? 탐푸를 출발하는 항공편 출발이 5시간이나 지연되었음에도 불구하고, 방콕에서 아시아나 항공편으로 갈아타고 무사히 한국에 돌아올 수 있었습니다.

다음 날 아침. 상무님께서 호출하셔서 자리로 갔습니다. 상무님께서 커피 한 모금하시며 물어보셨습니다.

"강 부장, 부탄 출장은 잘 다녀왔니? 어때? 뭐 좀 해 볼만한 게 있겠어?"

"넵! 고객이 예상보다 적극적이시더라고요. 내년도 예산에 시범 사업 비용을 반드시 넣겠다고 하셨으니, 기대해 볼만 할 것 같습니다."

"그래~ 잘됐네. 부탄 사업소하고 협력해서 열심히 F/U 해봐. 새로운 시장을 좀 개척해보자."

"알겠습니다. 그나저나 상무님. 저 휴일 근무 수당 신청해야 되겠습니다."

"뜬금없이 뭔 휴일 수당? 너 평일에 출장 갔다 왔잖아?"

"아~ 제가 부탄에서 첫눈 내리는 날 일을 했거든요."

"첫눈? 그런데?"

"부탄은 첫눈 내리는 날은 공휴일이거든요."

상무님께서는 '이 녀석이 어제 무슨 술을 잘못 마셨길래 아직도 이 모양인가?' 하시는 표정으로 저를 바라보시며 말씀하셨습니다.

"첫눈 내리면 회사에 안간다고? 강 부장! 니가 지금 유치원 다니냐?"

"아니, 제가 그런게 아니고 부탄 국왕께서.."

괜히 농담 한마디 했다가 본전도 못 찾았습니다.

"야! 말이 되는 소리를 해라. 그렇게 회사 다니기 싫으면 언제든지 말만해. 첫눈 내리는 날 뿐만 아니라 해 뜨는 날도 출근 안 하게 해줄께.”

  로마에 왔으면 로마법을 따라야죠. 대한민국 직장인이니, 첫눈이 내리던 백 마흔 두 번째 눈이 내리던 열심히 출근하겠습니다.

블레저's 노하우 3
# 비행기내 좌석 선택법

비행기 이코노미석 중 모두가 만족할 만한 좌석 같은 것은 존재하지 않습니다. 하늘 위에서 장시간 편안할 수 있는, 그런 것을 원하신다면 요금을 몇 배 더 지불하시고 비즈니스 석 티켓을 구매하셔야 합니다. 그렇다면 어차피 3등석, 모든 이코노미석이 똑같냐? 하면 그렇지도 않은데요. 이코노미석 중에서도 자신만의 명당 자리는 분명히 있습니다. 특히 장거리 비행에서는 좌석 선택에 따라서 그날의 비행이 크게 좌우될 수도 있는데요. 자신의 성향에 맞는 최고의 좌석을 고르는 노하우를 알려드리겠습니다.

### (1) 선호 좌석 배정받는 법

①출발 당일에 느긋하게 공항에 도착하여 항공사 카운터에서 발권을 하는 도중에 좌석을 선택하려고 하면, 그나마 이코노미석 중 명당이라고 불리는 좌석들은 남아 있지 않은 경우가 대부분입니다. 편안하고 즐거운 비행을 원하신다면, 반드시 사전에 항공사 홈페이지나 모바일

앱을 이용하여 '사전 좌석 배정'을 해두어야 합니다. 다만, 항공사별로 비상구 좌석이나 앞쪽 좌석 선택 시 추가 비용이 발생하는 경우도 있으며, 저가항공사(LCC)는 '사전 좌석 배정' 서비스가 유료인 경우가 많으니 주의가 필요합니다.

② 이코노미 석 중에서 많은 분들이 선호하시는 명당은 단연코 비상구 좌석입니다. 사전에 좌석을 지정해 두셨더라도, 몸과 마음이 건강하신 분이라면 공항에서 항공권 발권하실 때 비상구 좌석 배정을 요청해 보시기 바랍니다. 가끔은 계획에 없던 행운이 찾아올 때도 있습니다.

### (2) 비행기내 좌석별 특징

①기내 앞쪽 좌석

-장점: 도착지에서 빨리 내릴 수 있음. 모든 짐을 기내로 가지고 탄 경우에는 상당히 신속하게 공항을 빠져나갈 수 있어서 유용함. 다만, 위탁 수하물을 보낸 경우, 항공사 우수 회원이 아니라면 수하물 찾는곳(Baggage Claim)에서 시간이 지체될 경우 크게 이득이 안될 수도 있음. 창가석의 경우 창문 뷰가 좋음. 기내 소음이 적은 편.

-단점: 유아 동반 승객들이 많은 구역임. 가끔 까칠한 꼬마 승객이 탑승한 경우, 살짝 시끄러울 수 있음.

-추천: 도착 후 빨리 공항을 빠져나가고 싶거나, 환승 공항에서 시간이 촉박하신 분. 특히 환승 공항에서 연결 항공편 대기 시간이 1시간 정도로 촉박한 상황이라면 무조건 앞쪽 좌석 선택할 것.

②기내 중간 좌석

 -장점: 주 날개 부근에 비행기의 무게 중심이 위치하기 때문에, 난기류시 상대적으로 흔들림이 적음.

 -단점: 창가석에 앉더라도 넓은 주 날개 때문에 시야가 제한됨. 엔진과 가까워서 소음이 조금 있는 편.

 -추천: 편안하고 안정감 있는 비행을 좋아하시는 분. 멀미를 하시는 분.

③기내 뒤쪽 좌석

 -장점: 비선호 구역이라 상대적으로 승객이 적어서 옆자리가 비어서 갈 확률이 높음. 창문 뷰가 좋음.

 -단점: 도착지에서 늦게 내려야 함. 비행중 난기류시 흔들림이 큰 편.

 -추천: 시간적 여유가 있으며, 넉넉하게 자리를 차지하고 가고 싶으신 분. 재수 좋으면 서너 자리를 혼자 차지하고 누워서 가는 행운도 종종 있음.

④통로측 좌석

 -장점: 화장실 가거나 선반 위 짐을 꺼낼 때, 옆 사람 눈치 보지 않고 내 맘대로 자유롭게 움직일 수 있음.

 -단점: 창문뷰 감상이 어려움. 안쪽 승객 이동시 비켜줘야 해서 귀찮을 수 있음.

-추천: 화장실 자주 가거나, 자주 움직여 이코노미석 증후군(Economy Class Syndrome)을 예방하고 싶으신 분. 특히 좌석이 3-3-3 또는 3-4-3 배열 비행기의 경우, 가운데 열의 양쪽 통로 좌석이 좋음. 좌우측 열 통로 좌석의 경우에는 안쪽 승객이 두 명이라, 이웃을 잘못 만나면 자주 비켜주느라 단잠을 방해 받을 수 있음.

⑤창문쪽 좌석
-장점: 창문뷰를 마음껏 즐길 수 있음. 잠잘 때 벽에 기대고 잘 수 있어 편리함. 다른 사람의 방해를 받지 않아서 안락함.
-단점: 화장실 갈때마다 옆자리 승객에게 양해를 구해야 함. 외부의 냉기가 전달되어 상대적으로 추울 수 있음.
-추천: 창문뷰를 즐기고 싶으신 분. 화장실을 자주 가지 않으며, 조용히 비행을 즐기고 싶으신 분.

※ 탑승 항공편의 좌석 관련 자세한 정보는 seatguru.com 사이트에서 확인 가능

**(3)비행중 즐길 수 있는 창문뷰**

①오로라 감상
-오전에 출발하는 인천발 북미 대륙 동부 도시 행 항공편
: 왼쪽 창가자리(오전 10시경 출발할 경우, 이륙 후 대략 8~10시간

후)
　-밤에 출발하는 북미 대륙 동부 도시 발 인천행 항공편
　: 오른쪽(항로에 따라 왼쪽도 가능) 창가자리(오전 01시경 출발할 경우, 이륙 후 대략 2~4시간 후)
　※10월~3월이 적기이며, 여름에는 북극권에서 해가 지지 않기 때문에 관찰이 어려움.


　②후지산 감상
　-김포발 하네다행 항공편: 좌측 창가(착륙 전 약 30분 전후)
　-하네다발 김포행 항공편: 좌측 창가(이륙 후 약 20분 전후)
　-나리타발 인천행 항공편: 좌측 창가(이륙 후 약 20분 전후)
　-인천발 나리타행 항공편의 경우, 항로가 후지산과 멀어서 보기 어려움. 기상 상황이 매우 좋은 경우, 우측 창가에서 볼 수 있음.


　③히말라야 산맥 감상
　- 인천발 두바이행 대한항공 KE951편 좌측 창가(이륙 후 약 5시간 후)
　- 중동국가발 인천행 비행기 우측 창가(이륙 후 약 4시간 후)
　- 인천에서 출발하는 중동국가 항공편(에미레이트 항공, 카타르 항공 등) 및 대한항공 귀국편(KE952)은 밤에 히말라야 근처 상공을 지나기 때문에 어두워서 볼 수 없음. 단 보름달이 뜨는 날은 가능성 있음.

〈추가팁〉 히말라야 고봉을 진심으로 감상하고 싶다면
 - 인도 도시에서 출발하여 부탄 팀푸 공항으로 가는 항공편 좌측 창가에 앉을 것. 사진에서나 보던 지구상 최고봉들이 눈앞에 펼쳐지는 장관을 감상할 수 있음.

 ※ 여기서 소개하는 시간 및 좌석 정보는 대략적인 참고용 임. 기상 및 비행 상황에 따라 변동될 수 있으며, 관측을 보장하는 것은 아님.

## 파리, 출장마저 예술이 되는 도시

**파리 출장.**

전세계 사람들이 가보고 싶어하는 도시 중 하나인 프랑스 파리. 파리로 출장을 간다고 하면 백이면 백 모두 부러워합니다. 저는 운이 좋아서 직장 생활하며 파리 출장을 꽤 여러 번 다녀왔는데요. 그중에서 가장 기억에 남는 출장을 꼽으라면 단연코 첫 파리 출장입니다. 제가 밥벌이하고 있는 공학 분야에서 가장 유명한 국제 학회가 짝수 해마다 파리에서 개최되는데요. 기업의 풋내기 연구원 시절 그렇게 가보고 싶었던 학회에 참석할 기회가 마침내 제게도 돌아왔습니다. 그 출장은 사전에 준비할 것도 엄청나고, 파리 가서 할 일도 많고, 돌아와서 사장을 비롯한 회사 최고 경영층에게 구두 보고해야 하는 업무로 악명 높은 출장이었습니다. 그런 사정을 이미 잘 알고 있는 선배들이 핑계를 대고 출장을 기피했던 것인데요. 그런 사정 모르는 풋내기가 덥석 물었던 것이었습니다. 출장 준비 처음부터 연구소 소장님과 팀장님으로부터 엄청난 압박이 시작되었습니다. 밤새며 학회 발표 준비를 하다 보니 내가 괜한 짓을 저지른 건 아닌지 후회도 되었습니다. 그럼에도 불구하고 난생 처음 파리를 간다는 것은 진정 흥분되는 일이 아닐 수 없었습니다. 그것도 회사 돈으로요.

　출장 일행의 막내로서 처음 도착했던 파리. 아무것도 모른 채 선배들을 따라 차를 타고 샤를 드골 공항을 벗어나 숙소로 이동하였습니다. 차창 밖으로 멀리 보이는 에펠탑. 내가 TV속에 들어와 있는 것만 같은 짜릿함이 느껴졌습니다. 호텔에 도착해서 짐을 푸는 동안에도 풋내기 출장러는 자신이 파리에 있다는 사실이 도무지 믿기 힘들었었는데요. 본격적으로 일정이 시작되고 나서는 전시회장과 컨퍼런스장을 돌아다니며, 회사 복귀해서 리포트에 쓸만한 자료를 수집하는데 여념이 없었습니다. 그 와중에 저녁 식사하며 곁들인 부르고뉴산 레드 와인 한 잔은 내가 지금 어디에 있는 것인지를 잊게 만들만큼 아찔하였습니다. 정말 한 달을 머물러도 단 한 순간도 심심하지 않을 것 같은 도시 파리에 출장 와서 일만 하다 갈 수는 없는 일. 틈틈이 시간을 내서 일행 들과 함께 짧은 관광을 즐겼습니다. 하루는 세계 3대 박물관 중 하나로 꼽히는 루브르 박물관에 가서, 미술책에서나 보던 다빈치의 모나리자와 밀로의 비너스를 감상했습니다. 저는 이날 밀로라는 예술가가 비너스를 조각한 것이 아니라는 것을 배웠습니다.(다 아시겠지만 이 조각상이 그리스 밀로 섬에서 발견되었기 때문에 밀로의 비너스라고 불리며, 현재까지 작자는 미상입니다.) 다른 날 저녁에는 에펠 탑 3층 전망대에 오르기도 하였습니다. 하지만 이렇게 화려한 파리 출장 경험들 중에 가장 기억에 남는 곳은 몽마르트르입니다.

바쁜 업무와 틈틈이 즐기는 작은 여행들로 인하여 너무도 정신없이 바쁘게 지나가는 출장 일정이 거의 끝날 무렵 파리에서의 마지막 날 오후. 최종 일정으로 선배들과 함께 예술과 낭만의 아이콘 몽마르트르 언덕을 가 보기로 계획을 세웠습니다. 선배들 뒤꽁무니만 따라다니던 제가 그날은 미리 숙소에서 몽마르트르까지 가는 경로를 공부하고 나서 앞장을 섰습니다. 미리 공부해온 덕에 선배들을 모시고 자신있게 복잡한 파리 전철에서 내려서 몽마르트르로 가는 가장 가까운 출구를 찾아서 거침없이 나갔습니다. "오~ 역시 어린 놈이 다르네!"라는 이야기를 들으면서요. 몽마르트르 언덕으로 가는 길은 역시 언덕이라는 이름에 걸맞게 오르막길이었습니다. 고된 업무와 밤마다 이어지는 술자리로 지친 선배들의 거친 숨소리를 들으면서 언덕길을 올라갔습니다. 하지만 올라가는 오르막길은 예술가의 숨결이 느껴지는 분위기가 아니었습니다. 왠지 좀 스산하고, 주위에 비석도 서 있고, 뭔가 좀 한적한 느낌이 들었습니다. 너 제대로 가고 있는 게 맞냐는 선배들의 아우성을 들으며, 걱정하지 말라고 큰소리를 치며 드디어 제가 인도했던 목적지 몽마르트르에 도착하였습니다.

다만 아주 사소한 착오가 있었는데요. 저희 일행이 도착한 곳은 바로 몽마르트르 묘지였던 것이었습니다. 그제서야 저 몽마르트르(Montmarte) 앞의 의미를 모르겠는 프랑스어가 영어의 묘지를 뜻하는 'Cemetery'와 유사한 것을 깨달았습니다. 그렇습니다. 제가 열심히 일행을 파리 몽마르트르 공동묘지로 인도했던 것이죠! 저희 일행은 다행히 친절하신 파리지앵들의 도움을 받아서 무사히 몽마르트르 언덕으로 이동할 수 있었습니다. 그 친절하신 파리지앵들의 도움이 없었다면, 저는 지금 몽마르트르 묘지 한 켠에 자리를 잡고 향냄새를 맡고 있을지도 모를 일입니다.

하지만 무사히 살아서 한국에 돌아온 저는 그 이후로 프랑스에 출장이나 여행을 가시는 지인들께 몽마르트르 묘지를 꼭 가보라고 추천하곤 합니다. '얘가 제정신으로 하는 얘긴가?'라는 의심의 눈초리를 받기도 합니다. 하지만 몽마르트르 묘지는 파리 3대 공동 묘지 중 하나로서, 낭만주의 유명한 화가 에드가 드가, 전설적인 발레리노인 바슬라프 니진스키, 프랑스의 유명한 소설가 에밀 졸라 등이 잠들어 계신 곳입니다. 그러니 파리에 한 달쯤 머무르시며 파리의 왠만한 곳은 다 가봤다 이런 분들께서는 한번 가볼만 하다 뭐 이런 말씀입니다.

4년 뒤 또다시 회사 동료들과 함께 파리로 출장 갈 기회가 있었습니다. 이때도 바쁜 업무 중 잠시 짬을 내서 오르세 미술관에 다녀왔는데요. 제가 좋아하는 인상파 작품들을 원 없이 구경할 수 있었고, 그 중에서도 개인적으로 가장 좋아하는 그림인 클로드 모네의 '양산을 쓴 여인' 앞에서는 거의 한 시간 동안 머물렀습니다. 햇빛 속에서 빛나는 찰나의 아름다움을 담아낸 이 걸작 앞에서 도저히 빠져나올 수가 없더군요. 또 센 강 유람선을 타고 파리의 화려한 아름다움도 느꼈습니다. 모든 출장 일정을 성공적으로 끝마치고 난 후 파리에서의 마지막 저녁 식사. 10명 정도의 출장자들이 샹젤리제 거리에 모여 조명발이 멋진 개선문을 바라보며, 시원한 가을의 파리를 진정 온몸으로 느끼며 식사와 함께 간단히 와인과 음료 등을 마셨습니다. 샹젤리제 거리에 위치한 레스토랑의 도로변 야외 테이블에 모여 식사를 하는데, 성공적으로 업무를 마쳤다는 안도감과 함께 이제 다시 서울로 돌아가야 한다는 아쉬움이 교차했습니다. 10명이나 되는 인원이 식사하였던 관계로, 업무를 위해 각자 가지고 나왔던 짐들을 테이블 옆 한쪽에 잘 모아두었습니다. 눈이 20개나 되는데 별일 있겠냐며. 즐거운 마음에 식사와 와인을 즐기다가 문득 짐을 모아둔 곳을 보니 어딘지 어색하게 헝클어진 느낌이 들었습니다. 어리둥절해서 살펴보니, 제 가방이 보이지 않습니다. 샹젤리제 거리를 걸어가던 소매치기가 잽싸게 제 가방을 가져간 듯했습니다. 그나마 여권은 주머니에 가지고 있고, 회사 노트북은 마침 호텔 방에 두고 안가지고 나왔던 것이 다행이라면 다행이었습니다. 하지만 적은 않은 유로화와 개인 태블릿 PC는 가방과 함께 사라졌습니다. 백팩은 직장인들 사이에서 유행했던 T 브랜드 제품이었는데, 파리 출장을 위하여 몇 개월간 용돈을 아껴서 모은 돈으로 장만한 것이었습니다. 파리 샹젤리제 거리에서 잃어버린 가방을 다시 찾기란 거의 불가능하다는 것은 알고 있었지만 그래도 혹시나 하는 마음에 프랑스어가 유창한 직원과 함께 파리 경찰서에 가서 분실 신고를 하였습니다. 아담한 체구의 친절한 여성 경찰관께서 저의 분실 신고를 접수해 주셨는데요. 통역이 필요했던 탓에 한 시간 가까이 이어진 분실 신고를 마치고 경찰서를 나서는데, 경찰관께서 저에게 마지막 한 마디를 건넸습니다.

"가방을 잃어버린 것은 안타깝지만 이번 일로 당신이 파리가 싫어지지 않았으면 좋겠습니다."

그 말이 묘하게 잊히지 않고 그 이후로 파리 행 비행기를 탈 때마다 기억이 납니다.

그 이후로도 파리 출장을 몇 번 더 다녀왔습니다. 출장 갈 때마다 업무 시간 후에 부지런히 돌아다녔습니다. 화려함의 극치 베르사유 궁전, 명품 쇼핑의 성지 라발레빌리지 아웃렛, 신개선문이 있는 라데팡스 등등등. 또한 와인을 좋아하는 저 같은 사람들에겐 어느 마트에 가던지 산더미처럼 쌓여 있는 와인들 사이에서 보물 찾기를 하듯 숨은 보석 같은 와인을 고르는 재미를 빼놓을 수 없습니다. 하여튼 저는 파리 출장을 통해 깨우친 점이 하나 있는데요. 그것은 바로 블레저 여행자들에게 최고의 출장지는 파리다! 라는 사실입니다.

저는 나중에 직장생활에서 은퇴하고 나면, 아내와 함께 파리에 한두 달 정도 머무르며 파리의 깊은 곳까지 느껴볼 계획을 가지고 있는데요. 그날을 위해서 오늘도 하루하루 열심히 직장인으로서의 삶을 살아내고 있습니다.

# 크리스마스 이브 두바이에서의 악몽

**해외 출장이라는** 것이 겉으로 보기에는 멋있고 화려해 보입니다. 하지만 사실 말도 잘 안 통하고 문화도 다른 남의 나라에 가서 돈을 벌어 온다는 것이 생각보다 꽤나 고된 일인데요. 제가 너무 놀다 온 이야기만 자랑하면, 혹시 회사를 경영하시는 사장님과 임원들께서 출장 보낸 회사 직원들이 현지에서 일은 별로 안하고 놀다만 오는 것으로 오해하실까봐 살짝 걱정이 됩니다. 그래서 이번에는 제가 출장길에서 뇌가 흐물흐물 녹아서 순두부가 될 만큼 고생했던 경험도 이야기 드려 보겠습니다.

사우디아라비아는 잘 아시는 데로 아랍권 국가입니다. 그 중에서도 아랍권 맹주로서 상당히 보수적인 국가로 유명합니다. 예를 들면 우리나라를 비롯한 대부분 국가들의 주말은 토요일과 일요일인데요. 금요일에 주말 예배를 진행해야 하는 아랍권 국가들의 원래 주말은 목요일과 금요일이 됩니다. 하지만 대부분의 아랍권 국가들은 글로벌 시대를 맞이하면서, 다른 나라들과의 효율적인 업무 진행을 위하여 금요일과 토요일을 쉬는 금토 주말제를 시행하고 있습니다. 하지만 사우디아라비아는 이슬람의 맹주답게 목금 주말제를 고집하다가 2013년 6월에서야 금토 주말제를 도입하였습니다.

사우디아라비아와 우리나라의 시차는 6시간입니다. 2013년 이전까지는 우리나라 시간으로 월요일 오후 늦은 시간이 되어야 사우디아라비아에 있는 고객과 전화 통화를 할 수 있었습니다. 목요일에 보낸 이메일에 대한 회신은 월요일 아침에나 확인할 수 있었습니다. 가족이나 애인과 보내는 행복한 주말을 포기하고 회사에 출근한다면, 토요일 오후나 저녁때쯤 확인할 수도 있기는 하지만 말이죠. 여하튼 함께 일하는 게 만만치 않았습니다. 많은 분들이 잘 모르고 계시지만 2018년 6월 24일 이전까지는 자국내 여성 운전을 금지한 전세계 유일의 국가였습니다. 그래서 여성들은 차를 타고 이동을 하려면 남성이 운전하는 차의 뒷좌석에만 탈 수 있었습니다. 혹자는 '도로 위에 김여사가 안 계시기 때문에 운전하기 편했을 것이다.'라는 농담을 하기도 합니다만, 여성들의 인권이 상당히 제약 받았다는 것은 안타까운 사실입니다. 사우디아라비아는 비자 받기 까다로운 나라로 유명한데요. 최근에는 상당히 개선되었다고는 하는데, 아랍계가 아닌 여성의 경우에는 비자 신청 시 알 수 없는 이유들로 발급이 거절되곤 했었습니다. 제가 2013년도 사우디아라비아 담맘에 출장 갔을 때 고객과 함께 저녁 식사하기 위하여 식당에 갔었는데요. 그때 식당 입구에 쓰여 있던 'For men only'라는 문구를 보고서 느꼈던 문화적 충격은 아직까지도 잊혀 지지가 않습니다. 레스토랑에 식사하러 온 손님, 서버, 요리사까지 전부 남자. 배경 음악조차 없었던 그곳의 분위기는 마치 사막의 한가운데 있는 것처럼 건조하였는데요. 심지어 테이블 위를 날아다니는 파리도 수컷이었을 거라고 장담할 수 있을 정도였습니다. 남자 목욕탕 정도를 제외고는 세계 어디서도 쉽게 경험할 수 있는 분위기는 아니었습니다.

이슬람권 국가들은 종교적 율법에 따라서 술의 거래 및 음주를 엄격히 제안하고 있습니다. 하지만 여러 이슬람 국가들은 무슬림이 아닌 외국 국적자에 한해서, 제한된 구역 내에서 음주를 일부 허용하기도 합니다. 하지만 사우디아라비아의 경우는 국가 전체에서 음주를 엄격히 금지 하고 있습니다.(2024년 1월 말, 수도 리야드에 무슬림이 아닌 외교관만을 대상으로 술을 판매하는 주류 매장을 오픈한다는 반가운 뉴스가 보도 되었습니다.)

여름철 섭씨 50도를 넘나드는 사우디아라비아의 사막에서 고된 일을 마치고 나면, 시원한 맥주 한잔 마셔서 목구멍에 낀 까칠한 모래들을 좀 씻어내고 싶은 생각이 간절해집니다. 하지만 그랬다가는 감옥에 갇히거나 추방당하거나 회초리를 맞아야 합니다. 사정이 이렇다 보니 제가 동남아로 출장 간다고 하면 정말 일하러 가는 거 맞느냐며 의심의 눈초리로 쳐다보곤 했던 아내조차도 사우디아라비아행 항공권을 보여주면 더운 나라에 가서 고생 좀 하겠다며 걱정하곤 했습니다. 하지만 아무리 힘들어도 꿀대추는 잊지 말라는 당부 역시 잊지 않았습니다. 직장인들이 힘들게 해외 출장 다닌다는 점을 회사 고위층 분들에게 어필하려다 보니 죄송하게도 사우디아라비아에 대하여 살짝 보수적인 면을 강조하여 말씀드렸는데요. 사실 사우디아라비아는 제가 출장을 가장 자주 다닌 국가 중 하나로, 저에게 직장인으로서 많은 기회를 주고 안목을 넓혀 한단계 성장할 수 있게 해준 고마운 나라입니다. 게다가 앞으로도 엄청난 기회와 잠재력을 지닌, 개인적으로 너무도 사랑하는 나라입니다. 수습이 조금 되었을까 모르겠네요.

2017년도 크리스마스 날 사우디아라비아 동부의 산업도시 담맘(Dammam)에서 중요한 고객과 약속이 잡혔습니다. 제가 기독교 신자도 아니고, 크리스마스 이브 날 꼭 만나야 하는 애인이 있는 처지도 아니었지만 너무도 아쉬웠습니다. 그 당시 저는 클래식 음악 감상이라는 취미에 푹 빠져 있었는데요. 공연 몇 개월 전에 좋은 좌석을 예약해두고 목 빠지게 기다리던 베토벤 교향곡 9번 라단조 op.125의 연주회를 갈 수 없게 되어버린 것이죠. 당시 요엘 레비가 이끌던 국내 최고 오케스트라 중 하나인 KBS 교향악단. 국내 최고의 솔리스트 들. 그리고 대한민국 정상의 합창단인 고양시립합창단, 서울시합창단, 서울모테트합창단. 이들이 만들어 낼 '베토벤의 합창'연주를 들으러 갈 수 없다니. 하지만 어쩌겠습니까? 가라면 가고 오라면 오는 게 직장인의 숙명인 것을요. 12월 23일 토요일 오후 12시 45분에 대한항공 KE951편을 타고 인천 공항 출발. 현지시간 18시경 두바이 공항 도착. 100분 정도의 환승 시간. 19:45에 사우디 항공 SV557편 탑승. 사우디아라비아 담맘 공항에 도착하면 현지 시간 20:15. 크리스마스 이브인 일요일과 크리스마스 당일인 월요일에 고객 미팅. 12월 26일 화요일 담맘 출발하여, 두바이 거쳐서 12월 27일 인천 도착. 목요일과 금요일 이틀 출근하고 나서 주말을 보내면, 파란만장했던 한 해가 마무리될 것 같았습니다.

 출장 당일 오전. 비행기 탑승 전 공항 라운지에 들어가서 고객에게 몇 가지 확인할 사항들을 이메일로 보내 두고자 조금 넉넉하게 집을 나섰습니다. 복도측 좌석으로 이미 지정해 두었지만, 일찍 체크인을 하면서 비상구 좌석으로 변경 가능한지 알아볼 생각도 있었구요.

 공항철도를 타고 인천 공항으로 가는 길. 너무나도 익숙한 영종대교를 지나는 구간을 열차가 통과하는데 뭔가 상당히 생소하면서 극도로 부자연스러운 느낌이 덜컥 들었습니다. 영종대교는 2층으로 되어있는데, 상부는 차량만 다니고 하부는 차량과 지하철이 함께 다니는 구조입니다. 그렇기 때문에 지하철에서 창문을 내다보면 맞은 편 몇 미터 앞에서 지나 가고 있는 차량들을 볼 수 있습니다. 그런데 그날따라 뭔가 이상했습니다. 분명히 열차가 덜컹거리며 영종대교를 건너고 있는데 창밖에 뿌옇게 흐릴 뿐 지나가는 차를 볼 수 없었습니다. 원인은 심한 안개였는데요. 평소에는 맞은편 차량 번호판도 읽을 수 있었는데, 그 날은 번호판은커녕 차가 있는지조차 확인할 수 없을 정도의 짙은 안개가 우리나라 서해안 쪽에 끼어 있었던 것이었습니다.

'우와~ 안개가 어마어마하네. 뭐 그래도 인천 공항은 괜찮겠지. 시정거리가 75m만 되어도 착륙이 가능한 CAT-Ⅲb 등급의 세계 최고 공항이잖아.'

안일했습니다. 하지만 제가 엑스맨에 나오는 스톰처럼 기상을 조절하는 초능력이 있는 것도 아니니, 앞으로 다가올 불행을 미리 알았다고 해서 그다지 달라질 것도 없었겠지만요.

공항에 도착하여 대한항공 카운터에서 KE951편 탑승수속 후 출국심사대를 통과하여 면세구역으로 들어왔습니다. PP카드를 이용하여 호텔에서 운영하는 라운지에 입장하였는데, 그날 따라 라운지에 손님들이 유난히 많아서 앉을 자리 찾는 것조차 만만치 않았습니다. 간단한 먹을거리와 레드 와인 한잔 챙긴 후, 빈자리를 겨우 하나 발견하고 자리를 잡았습니다. 칠레산 레드 와인을 한 모금 홀짝거리며 라운지 벽에 걸린

항공편 운항정보 시스템(FIDS)를 바라보았습니다.

'지연', '지연', '지연'

공항에 낀 심한 안개로 인하여 오전에 출발해야 할 많은 항공편들이 지연되어 출발하고 있었던 것이었습니다. 하지만 제가 탑승할 KE951편은 아직 정시출발로 표시되어 있습니다. 두바이 공항에서 담맘행 항공편으로의 환승을 위해 저에게 주어진 시간은 100분. 이렇게 비행기들이 계속 지연되다 보면 두바이에서 연결 환승편을 못 탈 수 있겠다는 생각도 문득 들었습니다. 하지만 자칭 경험 많은 해외 출장러를 자부했던 저는 초조 해하지 않았습니다. 일단 저는 인천-두바이 KE951편과 두바이-담맘 SV557편은 연결 발권(Through TIcketing)이 되어있습니다. 연결 발권 이란 한개의 예약번호에 전체 비행 일정이 포함되어 있는 것입니다. 다시 말하면, 제가 인천에서 탑승한 대한항공 항공편의 두바이 도착이 지연되어서 SV557편을 놓치게 되면, 항공사에서 알아서 다음 비행기로 변경해 주게 됩니다. (자세한 내용은 블레저's 노하우 4 참조) 저는 노련한 출장러의 직감을 발휘하여, 개인 짐을 위탁 수하물로 보내지 않고 기내 핸드캐리하려고 가지고 이동하고 있었습니다. 덕분에 저의 짐이 든든하게 제 곁에 있었습니다. 저는 당장 크라켄이 튀어나온다고 해도 어색하지 않을 정도로 심한 안개 따위 두렵지 않았습니다. 짐과 함께라면 어떠한 역경도 헤쳐나갈 수 있을 것 같았습니다.

항공기 지연으로 인한 승객들의 긴장감이 라운지를 가득 채웠습니다. 하지만 저는 당황하지 않고 고객에게 보낼 이메일 내용을 꼼꼼히 작성한 후, 다시 한번 읽으며 오타를 체크한 뒤 '보내기' 버튼을 클릭하였습니다. 그리고 나서는 항공편 운항 정보 시스템에서 제가 타고가야 할 항공 편의 정보를 체크했는데요. KE951의 출발 시간이 12:45에서 13:15로 변경되어 있었습니다. 30분 지연 정도는 이미 각오했던 바였습니다. 혹시나 모를 상황에 대비하기 위하여 서둘러 출발 게이트로 향했습니다. 출발 예정시간 한 시간 전, 탑승 게이트에는 초조해하는 승객들만 있을 뿐 항공사 직원은 보이지 않았습니다. 긴장되는 시간이 계속 흘러 원래 예정대로라면 탑승을 시작해야 할 시간이 지났음에도 항공사 직원은 보이질 않고, 어떤 안내 방송도 없었습니다. 게이트에 표시되는 항공편 출발 예정 시간은 장난이라도 치듯이 자꾸 늦어집니다. 저와 같은 비행기를 타야 하시는 승객분께서 답답한 마음에 지나가던 다른 항공사 직원에게 대한항공 직원이 어디 있냐고 물어보았습니다. 당연하게도 이미 제 코가 석자인 그분이 남의 항공사 사정까지 알고 있을 리 없었습니다. 다만 활주로에 안개가 심하여 공항 전체가 비상 상황이라는 이야기만 하시고 총총히 사라졌습니다.

  예정 출발 시간을 두시 간쯤 지날 때까지도 별다른 안내도 받지 못하고 하염없이 기다렸습니다. 이쯤 되니 의연한척 앉아있던 자칭 프로 출장러도 슬슬 긴장이 되어 집중하지 못하고 엉덩이를 들썩거릴 수밖에 없었습니다. 긴장한 미어캣 마냥 주변을 두리번거릴 때쯤 한쪽에서 승객분들의 짜증 섞인 외침과 함께 웅성거림이 시작되었습니다. 오매불망 기다리던 대한항공 직원분들이 게이트로 오시는 것이 보였습니다.

　오전에 안개가 너무 심해서 항공기들의 출발이 지연되고 있다는 간단한 설명과 함께 항공기 탑승이 시작되었습니다. 제가 탑승한 비행기는 원래 출발 예정 시간을 2시간 40분 넘기고 나서야 인천 공항을 떠날 수 있었는데요. 나중에 알았지만 이날 다른 항공편들의 경우 서너 시간 지연은 양호한 편이었다고 하니, 그나마 저는 대한항공 티켓을 쥐고 있었던 덕에 혼돈의 카오스를 빨리 벗어 날 수 있었던 것이었습니다. 제가 탄 보잉 777-200 비행기가 기적같이 기류의 도움을 받아서 운항 시간이 두 시간 정도 당겨지지 않는 이상 두바이 공항에서 예약한 환승 편으로의 탑승은 이미 물 건너간 상황. 하지만 경험 많은 프로 출장러 코스프레 중이었던 저는 긴장하는 기색 없이 차분함을 잃지 않고 38,000 피트 상공에서 소고기 스튜와 레드 와인을 즐겼습니다. 출발이 힘들어서 그랬지 막상 출발하고 보니, 크리스마스 기간에 중동으로 가는 항공편이라 그랬는지 비어 있는 좌석도 많고 해서 기내는 쾌적했습니다. 대기 상태도 무난한지 터뷸런스도 없어서 편안한 비행이었습니다. 두바이 공항 착륙 한 시간쯤 전. 아마도 연결 항공편을 놓치신 승객 이름들이 잔뜩 적혀 있을 하얀 종이를 유심히 보시던 기내 승무원께서 저에게 오셔서 말씀하셨습니다.

　"비행기 출발이 지연되어 예약하신 SV557편은 탑승이 어려우실 것 같습니다."

"네~ 예상하고 있었습니다. 그나저나 고생 많으셨겠네요."

저는 여유 만만한 초절정의 고수인 척 한마디하고 승무원 분의 다음 안내를 기다렸습니다.

"두바이에 도착하면 에미레이트 항공 직원이 나와 있을텐데, 그분을 따라가면 다음 연결편을 안내해드릴 것입니다."

"예! 감사합니다."

담맘에 예약해둔 호텔 체크인이 대여섯 시간 늦어질 것 같이 보였습니다. 크리스마스 이브 오전에 예정된 고객 미팅 때 컨디션은 말 그대로 최악이겠지만, 어쩔 수 없는 상황이었습니다.

도착 예정시간보다 2시간 40분 남짓 지연된 21시경 두바이 공항에 도착하니 승무원분께서 사전에 안내해 주신데로 에미레이트 항공 직원이 대기하고 있습니다. 저와 같이 환승 항공편을 놓쳐버린 승객 예닐곱 명과 함께 에미레이트 항공 직원을 따라 환승 카운터로 이동하였습니다. 제가 받은 것은 예상보다 늦은 5시간 뒤, 두바이 시간으로 크리스마스 이브 새벽 2:20에 출발하는 에미레이트 항공의 EK823편 티켓. 그리고 두바이 공항 내 마하바(Marhaba) 라운지 입장권이었습니다. 예상보다 담맘행 항공편의 출발 시간이 늦어서 사우디 담맘 공항 도착 예정시간은 2:45. 사우디 공항의 꽤나 까다로운 입국 심사를 고려하면 새벽 5시는 되어야 호텔에 도착하여 체크인 할 수 있을 것 같아 보였습니다. 저에게 주어질 여유 시간은 기껏 해야 짐 풀고 샤워 정도 하고 나면 끝날 것 같은 두어 시간. 이후에는 비행과 시차로 지친 몸을 이끌고 출장 일정을 시작해야 할 것 같았죠 기후 상황으로 비행기의 출발이 지연되어 예약했던 환승 항공편 대신 대체 항공편을 이용하여 계획보다 5시간 늦게 출장지에 도착. 천재지변으로 꼬여버린 비행 일정과 6시간의 시차로 인해 컨디션은 최악인 상황. 그럼에도 불구하고 빈틈없이 출장 일정을 소화해내는 프로 출장러 직장인의 모습. 가수 임창정의 히트곡 '하루도 그대를 사랑하지 않은 적이 없었다'의 주옥 같은 가사처럼, 해외 출장러라면 누구나 경험하는 '흔하디 흔한 연착 이야기'였다면 이 책의 한 꼭지를 차지하지 못했을 것입니다.

　마하바 라운지에서 간단한 식사와 와인을 한잔하며 이메일 체크를 하다 보니 어느덧 출발해야 할 시간이 되었습니다. 두바이 사람들은 별로 관심 없는 크리스마스 이브 새벽 한시 반. EK823편 출발 게이트에서 청천벽력 같은 안내를 듣고 맙니다.

　"미안한데... 공항 안개 때문에 비행기가 취소되었어."

　"뭐라고?? 이런 닝ㄱ...!!!!"

　건조한 사막 한가운데서 뜬금없이 무슨 안개인가 싶으신 분들도 계시겠지만, 사실 아랍에미레이트의 겨울철(12월 ~ 2월) 바다에는 괴물 안개(Monster Fog) 또는 안개 담요(Fog Blankets)등으로 불리는 짙은 안개가 심심치 않게 발생합니다.

"너가 탑승할 예정이었던 EK823편 항공권은 네 시간 반 뒤인 6:55에 출발하는 EK827로 바꿔줄께."

"어~ 고마워."

상황이 이쯤 되면 혼자 이동 중인 초보 출장자들은 멘탈이 흔들렸겠지만 노련한 프로 출장러는 아직 의연함을 잃지 않았습니다. 어차피 저는 기상악화로 비행이 취소된 에미레이트 항공 B777기를 띄울 능력 같은 것은 가지고 있지 않으니, 상황을 받아들이고 최선의 해결책을 찾는 수밖에 없었습니다. 그 와중에도 좌석을 체크하는 프로 출장러의 노련함.

"EK827편 자리는 통로석(Aisle Seat)으로 해줘."

"음, 확인해보니 통로석과 창가석(Window Seat)은 빈자리가 없어. 미안하지만 중간 좌석(Middle Seat)밖에 없네."

"쓰읍~. 그럼 그거라도 줘."

"이해해 줘서 고마워. 편안한 비행되길 바랄께."

중간 좌석표를 주면서 그게 할 소리 인지. 두바이에서 담맘으로 가는 항공편은 80분 정도의 짧은 비행이지만 재수 없으면 덩치가 좋은 중동 남성 승객들 사이에 찡겨서 갈 수도 있다고 생각 하니 솔직히 짜증도 좀 났습니다. 몇 년 전 사우디아라비아 출장을 마치고 리야드에서 출발해서 두바이로 향하는 EK818편에서 만났던 제 인생 최악의 옆자리 승객이 떠올랐기 때문입니다. 입에서는 마치 한여름 음식물 쓰래기통 안의 부패한 생선에서나 날법한, 진정으로 이 세상의 냄새라고는 믿기 어려울 정도의 입냄새를 풍기시던 승객이었는데요. 더 놀라운 것은 두바이까지 가는 두 시간 동안 그 입을 한 순간도 다물지 않았다는 점입니다. 비행기가 페르시아만 상공을 지나고 있을 때쯤, 그 양반이 느닷없이 저를 바라보며 상냥한 미소를 지으시며 뭐라고 한마디 툭 던지셨는데요. 그때 저는 차라리 논산 훈련소 화생방 훈령장에서 맡았던 가스 냄새가 그리워지며, 정신이 혼미해져 갔던 경험이 있습니다. 만약 그때 제가 초인적인 정신력을 발휘하여 정신을 붙잡지 못했더라면, 기내 응급 상황으로 인하여 EK818편은 근처 공항으로 급히 회항을 해야만 했을 것입니다. 지금 다시 생각해도 아찔하네요.

　아픈 기억을 떠올리며 크리스마스 시즌에 담맘으로 가는 세 번째 항공편의 중앙 좌석 항공권을 받아 들고, 네 시간을 소비하러 다시 마하바 라운지로 향했습니다. 라운지로 향하며 공항 밖을 보니, 짙은 안개속에서 라이트를 켜고 있는 에미레이트 항공 소속 A380기의 모습이 보였습니다. 거대한 A380의 몸뚱이 중 얼굴만 겨우 드러내고 있는 기묘한 모습이 마치 저승의 입구를 지키고 있는 거대한 괴물을 연상시켰습니다.
'이래서 비행기가 못 뜨는 구나.'
　이 정도 경험하니 슬슬 안개가 무서워져 왔습니다. 그럼에도 불구하고, 갈 길은 가야만 했습니다. 참을성 있게 지친 몸을 이끌고 다시 마하바 라운지로 돌아왔는데, 저를 기다리는 것은 '만석'이라는 안내뿐이었습니다.

 심한 안개로 두바이발 항공편들이 무더기로 취소되면서 이미 이곳을 떠났어야 할 승객들이 모두 라운지로 모여든 것이었습니다. 사실 새벽 세시라고는 도저히 믿을 수 없을 만큼 두바이 공항은 사람이 붐볐습니다. 아마도 대부분은 탑승해야 할 항공편이 취소되거나 지연된 승객들이었을 것입니다. 저는 PP카드 앱을 실행하여 이용할 수 있는 두바이 공항 내 다른 라운지를 재빠르게 검색하였습니다. 어느 라운지에 사람이 가장 적을까? 짧은 고민 후 3터미널에 있는 'Lounge at B'라는 곳을 힘들게 찾아갔습니다. 그곳은 그전까지 방문해 봤던 여러 라운지들과는 다른 분위기였는데, 원래는 바인데 라운지 기능을 하는 그런 느낌이었습니다. 술은 바에다 주문하면 한 잔 가져다주는 방식이었는데요. 너무나 지쳐있었던 저는 입맛도 별로 없었지만, 막상 라운지에는 먹을만한 것도 없었습니다. 다만 공항 4층에 위치한 아늑한 분위기의 라운지에 앉아 혼돈으로 가득한 3층 출국장을 내려다보니, 나는 마치 저 혼란과는 상관없는 것 같은 기묘한 느낌도 들었습니다.

 정신을 차리고 다시 변경된 일정 계산을 해보았습니다. 6:55에 두바이를 출발하면 80분을 비행하여 7:15에 담맘 공항 착륙하는 스케줄이었습니다. 이럴 땐 두바이와 사우디아라비아간 시차 한 시간도 꽤나 소중합니다. 입국 심사를 마치고 나서 담맘 시내로 들어가면 거의 점심때가 가까워질 것 같았습니다. 함께 일정을 진행할 계획이었던 로컬 파트너 회사의 담당자에게 현재 제가 처한 상황을 설명하고 일정을 변경해야만 했습니다. 저는 크리스마스 이브 날 오전 일정을 뒤로 미루고, 오후 일정부터 진행하자는 내용의 이메일을 작성하여 보냈습니다. 확실히 하기위해 '왓츠앱'이라는 모바일 메신저를 이용하여, 담당자에게 다시 한번 상황 설명을 해 두었습니다. 미리 예약해 두었던 호텔에도 천재지변으로 인한 일정 변경에 대하여 양해를 구하는 이메일을 작성하여 송부하는 것도 잊지 않았습니다.

잠시 쉬었다가 6:55에 출발하는 EK827편을 타러 게이트로 향했습니다. 에미레이트 항공의 빨간 모자를 쓴 귀여운 얼굴의 에미레이트 항공사 직원에게 제 여권과 항공권을 내밀었습니다.

"너가 미스터 강이니?"

그녀의 예쁘고 상냥한 미소를 보니 두바이 공항에서 쌓인 피로가 사르르 풀리는 듯했습니다.

'얘가 날 보면서 왜 이렇게 웃지? 혹시 나한테 반했나? 아아~ 하늘은 강원종을 세상에 내놓고 어찌하여 정우성을 또다시 내셨습니까?' (삼국지 중 '하늘은 주유를 세상에 내놓고 어찌하여 제갈량을 또다시 내셨습니까?'라는 주유 대사 패러디)

본인의 초췌한 모습은 잠시 잊고, 김칫국 한 사발 신나게 들이켜며, 부모님께서 물려주신 성대를 이용하여 만들 수 있는 가장 섹시한 목소리로 대답했습니다.

"응. 내가 미스터 강인데?"

그녀가 싱긋 웃으며 대답했습니다.

"미안한데 EK827편이 취소됐어."

"뭐라고?"

"이곳 안개가 너무 심해서 네가 타고 가야 할 비행기가 두바이에 못 왔어."

아마 드라마 작가가 시나리오를 이 따위로 썼다 가는 너무 진부하다며 시청자들로부터 한바탕 욕을 들을 만한 전개입니다.

"그럼 담맘으로 출발하는 다음 항공편으로 바꿔주는 거니?"

"아니. 미안하지만 담맘으로 가는 다음 항공편과 다다음 항공편은 만석이라 너가 탈 자리가 없어. 13시간 후인 20시에 출발하는 EK821의 티켓으로 바꿔줄게."

끔찍한 악몽이라도 꾸고 있는 듯한 느낌이 들었습니다.

"13시간 뒤?"

"응. 너무 대기 시간이 길지? 그래서 너가 쉴 수 있도록 공항밖에 있는 호텔 바우처를 줄게. 호텔에서 쉬다가 비행기 출발 시간에 맞춰서 다시 공항으로 와."

네 번째 담맘행 항공권과 호텔 바우처를 들고, 아비규환의 두바이 공항 출국 심사장을 힘들게 통과하였습니다. 그 후에 마주한 건 나와 같은 호텔의 바우처를 들고, 나와 같은 호텔 행 셔틀버스 대기줄에 서있는, 나와 같은 초췌한 모습의 수백 명의 사람들. 한 시간 넘게 기다려 셔틀버스를 타고 도착한 호텔 로비에서 다시 만난 수백명의 동지들. 문득 나도 저들처럼 좀비 같은 모습일까 하는 생각이 들었습니다. 하여튼 대기줄에 서서 파트너사 담당자에게 전화하여 제 신세를 알려주고, 크리스마스 이브 날의 모든 스케줄을 뒤로 미뤄 달라 부탁할 수밖에 없었습니다. 제가 호텔방에서 샤워를 하고 겨우 침대에 누운 시간은 호텔 이용 바우처를 받고 거의 5시간이 지나서였습니다. 황당함과 앞으로의 일정에 대한 걱정으로 잠도 오지 않았습니다. 겨우겨우 두세 시간 자는 둥 마는 둥 잠시 눈을 감았다 뜬 뒤 다시 짐을 가지고 일찌감치 두바이 공항으로 향했습니다. 파란만장했던 네 번의 탈출 시도 끝에, 제가 탑승한 에미레이트 항공 EK821편 보잉 777-300기의 바퀴가 두바이 공항 활주로에서 떨어졌습니다. 그 순간에는 정말이지 너무 기뻐서 눈물을 글썽이며 환호성을 지를 수밖에 없었는데요. 핵전쟁으로 오염된 지구를 탈출하는 마지막 우주선의 3등석 승객 정도나 제 마음을 이해하실 수 있을 것 같네요.

저도 이 나라 저 나라 출장 다니면서 수많은 고생과 즐거움을 경험했습니다만, 2017년도 크리스마스 이브에 두바이에서 혼자 '개고생' 했던 경험은 아직까지도 범접할 수 없는 최악의 출장으로 남아 있습니다.

정말 예측할 수 없는 다양한 이유로 힘들게 출장 다니시는 대한민국 직장인 출장러들 모두 파이팅 하시기 기원합니다!

블레저's 노하우 4

# 연결발권 vs 분리발권

### ① 연결발권

하나의 여정(Itinerary)에 여러 편의 항공 일정을 모두 포함하여 발권하는 것을 의미합니다. 저의 사우디 담맘 출장을 예로 들어보면, 인천(ICN)을 출발하여 두바이(DXB)로 가는 항공편(KE951)과 두바이를 출발하여 사우디 담맘(DMM)으로 가는 항공편(SV557). 귀국시 담맘을 출발하여 두바이 도착편(DMM-DXB)과 두바이 출발 인천 도착편(DXB-ICN)이 모두 하나의 예약 번호 아래에 함께 묶여 있는 경우를 의미합니다.

[장점]
-항공권 예약, 일정 변경 및 발권 과정이 편리합니다.

-탑승 항공편의 이상이나 지연으로 인한 연결편 탑승 불가 상황 발생 시, 추가비용 없이 항공사가 책임지고 다음 항공편을 알아서 재배정 해 줍니다.

-출발지에서 수하물을 최종 목적지까지 연결해 주기 때문에 편리합니다.

[단점]

-분리 발권에 비하여 가격이 비쌀 수 있습니다.

-연결 가능한 항공편이 제한적이어서 최적의 스케줄이나 개인적으로 선호하는 항공사 선택이 어려울 수 있습니다.

② **분리발권**

두 개 이상의 여정(Itinerary)을 각각 발권하는 것을 의미합니다. 앞서 예에서 보면 인천-두바이 일정을 하나의 여정(하나의 예약번호)으로 발권하고, 두바이-담맘 일정을 다른 하나의 여정(다른 예약번호)로 발권하는 것을 의미합니다.(물론 왕복이 아닌 각각 편도 항공편 예약도 가능합니다.)

[장점]

-타고 싶은 다양한 항공사를 자유롭게 조합할 수 있습니다.

-여러 항공사 중 최저가 항공권(구간별 특가 항공권 활용 등)을 찾아

예약할 수 있습니다.

[단점]

-탑승 항공편의 이상이나 천재지변 등으로 지연/취소되어 연결편 탑승이 불가능해질 경우, 기존 예약해둔 후속편은 자동으로 노쇼(No Show)처리가 되어버립니다. 국내 여행사를 통해서 예약했다면, 여행사 담당자에게 도움을 청해볼 수도 있습니다. 하지만 인터넷의 해외 사이트에서 개별적으로 예약을 했다면 개인이 알아서 탑승할 수 없는 항공편 취소 및 새로운 항공편 예약 등 모든 사항을 직접 해결해야 합니다.

-MITA/BITA* 체결이 안되어 있는 항공사로는 짐(위탁 수하물)을 부칠 수 없는 경우도 있습니다. 이 때는 환승 공항에서 개인이 직접 짐을 찾아서 다시 부쳐야 합니다.

집보다 공항이 편한 초 절정 고수들을 제외한다면, 저는 연결 발권을 추천합니다. 출장/여행 중에 어떤 예상치 못한 일이 발생할지 모르니까요. 외국 이동중 문제 발생시 모든 이슈 사항들을 본인이 직접 각각의 (외국)항공사와 통화해가며 해결해야 한다니 상상만으로도 밥맛이 뚝 떨어지는 끔찍한 일입니다.

하지만 여러 가지 이유로 연결 발권이 안되는 경우도 있습니다. 그리고 여행사를 통해 항공권 예약시 받아본 승객 여정표(Itinerary)에는 분명 연결 발권된 것으로 보였는데, 막상 티켓을 받고 보면 두 개의 항공권으로 분리되어 있는 경우도 있습니다. 이런 경우라면 무조건 충분한 환승 시간을 확보하여야 합니다. 그렇지 않은 경우 일정을 완전히 망치는 것은 물론 지옥을 경험하실 수도 있습니다.

\* MITA : Multilateral Interline Traffic Agreement,
BITA : Bilateral Interline Traffic Agreement

## 쿠알라룸프르에 뜬 도신

**저는 코로나 팬데믹** 기간 중 안정적이던 대기업을 그만두고, 나름 뜻한 바가 있어서 벤처 기업에 합류했습니다. 그동안 다니던 기업에서 나름 열심히 회사 생활을 했던지, 담당 임원을 비롯한 많은 선후배님들이 저의 퇴직을 강하게 만류하셨습니다. 혹시 출장 가서 맨날 땡땡이 치다가 짤린거 아니냐고 의심하시는 독자님들도 계실지 모르겠습니다만, 진심으로 더 늙기 전에 새로운 일에 도전해 보기 위하여 여러 동료들의 반대를 무릅쓰고 이직을 결심했었습니다. 얼떨결에 급여도 살짝 올랐고요.

좌우지간에 새로 옮긴 회사에서 담당한 사업 부문의 글로벌 시장 진출을 추진하고자 말레이시아 쿠알라룸푸르로 출장 다녀올 기회가 생겼습니다. 코로나 팬데믹이 오기 전 대기업에서 일할 때는 종종 다녔던 도시인데, 이직 후 거의 5년 만의 재방문이었습니다. 원래는 회사 비용도 좀 아낄 겸 해서 혼자서 LCC(Low Cost Carrier, 저가항공사)의 항공편을 타고 슬쩍 다녀올 계획이었습니다. 그런데 어찌하다 보니 판이 너무 커져버리는 바람에 저 혼자 감당하기 어려운 지경이 되어 버렸습니다. 급히 회사와 상의하여, 회사 대표님과 CTO까지 출장에 합류하시게 되었습니다. 회사 수뇌부를 모시고 가는 출장에서 LCC를 탈 수는 없는 법. 대한항공을 이용하는 것으로 계획을 변경하였습니다. 인천발 쿠알라룸프르행 대한항공 KE 671편. 코로나 이전에는 미국 보잉사의 초대형 최신 항공기 B747-8i가 투입될 정도로 이용객이 많았던 노선이었는데, 제가 다시 쿠알라룸프르로 가던 시점에는 유럽 에어버스사의 중대형 항공기 A330으로 편성되어 있습니다. 아직까지는 말레이시아를 방문하는 출장/여행객이 코로나 이전만큼 회복된 것은 아닌 것 같아 안타까운 마음도 들었습니다.(투입 비행기 기종은 항공사 사정에 따라 바뀔 수 있습니다.)

5년 만에 다시 찾은 쿠알라룸프르. 여름 끝자락의 쿠알라룸푸르는 오전에는 해가 쨍하고 모습을 드러냈다가, 오후가 되면 언제 그랬냐는 듯 흐려져 비가 오는 날씨가 반복되었습니다. 궂은 날씨에도 회사 수뇌부 모시고, 그분들의 소중한 1분 1초도 헛되게 하지 않기 위하여 정말 열심히 여기저기 미팅을 다녔습니다. 시간을 최대한 아끼고 효율적인 이동을 위하여 그랩(Grab)이라는 서비스를 이용했는데요. 그랩은 동남아 국가들에서 운영되는 우버(Uber)와 유사한 차량 공유 서비스입니다. 일반 택시 보다 요금이 저렴하고 이용도 편리하기 때문에 말레이시아를 비롯한 동남아시아를 방문한 출장러들께는 필수 앱이라고 할 수 있습니다. 배달 음식도 시켜 먹을 수 있고, 일부 국가에서는 오토바이도 타실 수 있어 상당히 편리합니다. 그랩이 서비스되는 동남아시아 지역 국가로 출장이나 여행 시에는 택시 타지 마시고 그랩을 이용하실 것을 적극 추천 드리는데요. 요금이 일반 택시 대비 절반 수준이며, 인터넷을 이용하면 영수증도 받을 수 있습니다. 참고로 제가 이번에 정말 오래간만에 말레이시아에 출장 와서 어리바리 할 때, KLIA(Kuala Lumpur International Airport)에서 시내 부킷 빈탕에 위치한 숙소까지 공항 택시로 이동하면서 220링깃 (약 6만 원 남짓)을 지불했는데요. 정신을 좀 차리고 난 후, 출국하러 공항 갈 때는 그랩을 이용하여 숙소에서 공항까지 105링깃 지불하였습니다. 이제는 당당히 선진국 대열에 들어선 IT 강국 대한민국인데요. 여러 규제들 때문에 이런 서비스들이 활성화될 수 없다니 안타까운 마음이 들기도 합니다.

여하튼 고객과 미팅이 예상치 않은 방향으로 흘러가는 바람에 시원한 회의실에서 혼자 땀도 뻘뻘 흘리고, 상대 회사 대표와 함께한 점심식사 자리에서는 영어 농담을 이해하느라 바짝 긴장도 하였습니다. 출장 일정이 너무 타이트하다며 괜히 따라왔다고 투덜거리시는 CTO의 피로를 풀어드리기 위하여, 출장러들 사이에 소문난 마사지 샵에 들러 발마사지 받는 것도 빼놓을 수 없었습니다. 모처럼 일행끼리 저녁 식사하는 날은 잘란 알로(Jalan alor)의 야시장에 가서 현지 싱싱한 해산물 요리로 값비싼 저녁식사도 즐겼습니다. 물론 식사비용 결제에는 대표님의 법카를 이용했습니다만.

출장 마지막 날. 원래 계획은 오전에 쿠알라룸프르에서 편도 두 시간 정도 떨어진 도시에 위치한 고객사로 이동. 점심 식사 후 오후에 미팅. 이후 공항으로 이동하여 저녁 늦은 시간에 쿠알라룸프르를 출발하는 대한항공 KE672편을 이용하여 귀국하는 일정이었습니다. 그런데 아침 이른 시간에 고객사 담당자로부터 급하게 메시지가 도착하였습니다. "오늘 키맨(Keyman)이 갑자기 컨디션이 안 좋아서 출근을 못한데. 미안하지만 혹시 미팅을 다음 주로 연기할 수 있겠니?"

라고요. 하지만 저희 일행은 저녁 비행기로 귀국이 예정되어 있었던 상황.

"오늘 우리는 한국으로 돌아가. 다음 주에는 온라인 미팅만 가능해."

"알았어. 아쉽지만 온라인 미팅으로 진행하자. 쿠알라룸프르에서 남은 일정 잘 보내고 조심해서 귀국해."

새벽부터 고객과 급한 연락을 마치고 나서 출장 일행 단톡방에 메시지를 남겼습니다.

"죄송하지만 고객사 키맨의 건강 문제로 오늘 미팅은 취소되었습니다. 오늘 못한 미팅은 다음 주 중 온라인 미팅으로 진행하겠습니다."

말레이시아 현지 협력사를 통해서 다른 미팅을 잡아볼까 잠시 고민했습니다. 하지만 미팅이 취소된 게 내 잘못도 아니고, 출장 일정을 바쁘게 소화했더니 피곤도 하고 에라 모르겠다 일단 메시지를 남겼습니다.

"저녁 8시쯤 공항으로 출발하면 될 것 같으니, 오늘 하루가 비었습니다."

뭐라고 하시려나 긴장하며 핸드폰을 들었다 놨다 하는데, 카톡의 숫자가 하나 줄어들더니 잠시 후 대표님께서 메시지를 남기셨습니다.

"강박사 덕에 출장 와서 일만 하다 갈 뻔했는데 잘됐군요. 오랜만에 말레이시아에 온 건데, 어디 구경 좀 하고 갑시다."

업무 출장지에서 잠시 여유 시간을 내서 개인 여행을 즐기는 블레저(Bleisure = Business + Leisure). 저는 출장 갈 때마다 혹시 생길지 모를 블레저 여행을 염두에 둡니다. 그래서 출장을 준비할 때마다, 불쑥 생길 지도 모를 여유에 대비하여 가보고 싶은 곳들을 미리 고민해 두는데요. 사실 옆에서 보면 상당히 피곤한 스타일이라고 할 수 있습니다만, 원체 타고나기를 그렇게 타고나서 어쩔 수 없습니다. 요즘 유행하는 MBTI 성격 분석결과 대문자 J 타입 인간들의 굴레 같은 것이라고 할까요? 페트로나스 타워 전망대, 쿠알라룸푸르 국립 박물관등 너무 뻔한 곳들은 제외하고, 몇 가지 떠오르는 일정을 단톡방에 남겼습니다.

"이슬람 박물관 구경하고, 센트럴 마켓이라는 쿠알라룸프르의 전통 시장을 구경하면 어떨까요?"

핸드폰 화면을 통해서 쎄한 기분이 느껴지는 것을 보니, 중년 남성 출장자들 취향의 여행은 아닌 듯했습니다.

"쿠알라룸푸르 외곽에 힌두교 성지인 바투 동굴(Batu Cave)과 주석 박물관을 다녀오는 것도 재미있을 것 같습니다."

"아~ 그 계단 많은데? 나 저번에 출장 왔을 때 가봤는데."

역시나 시큰둥한 반응.

"말라카까지 다녀오기는 좀 멀죠?"

말라카(Malaka)는 2008년에 도시 전체가 유네스코 세계문화유산으로 지정된 곳인데요. 우리나라의 경주 같은 도시입니다.

"거긴 차 타고 왔다 갔다 하면 하루 다 갈 듯."

중년 아저씨들 취향을 맞춘다는 것이 만만치 않았습니다. 잠시 고민하던 저는 마지막 필살기를 던졌습니다.

"카지노 가서 돈이나 좀 벌어갈까요?"

바로 반응이 왔습니다.

"오~ 대박. 나 카지노 아직 한 번도 못 가봤는데!"

"나는 태어나서 지금까지 돈을 잃어본 적이 없지! 근처에 우리가 갈 수 있는 카지노가 있나?"

빙고.

"예! 차로 한 시간 정도 가면 겐팅 하일랜드(Genting Highlands)라는 곳에 카지노가 있는데요. 2,000m 가까운 고지대에 있어서 날씨도 선선하고 괜찮을 것 같습니다."

이렇게 해서 중년 남자 셋이 그랩을 이용해 차를 한대 잡아타고, 구름 위에 지어져 있다는 겐팅 하일랜드로 향했습니다. 돈 따겠다며 카지노 가는 사람들이 그 와중에 요금 좀 아껴보겠다고 예약한 차량은 배기량 1,300CC의 소형 승용차. 장정들이 잔뜩 탑승한 승용차는 너무나도 힘 겨운 듯 언덕길에서 빌빌거렸지만, 그 안에 탑승한 승객들의 비장한 기세는 당장 홍콩영화 주인공으로 스카우트되어도 이상하지 않을 정도였습니다. 재미나게 말씀을 잘하셨던 그랩 기사님 덕에 지루하지 않게 겐팅에 도착할 수 있었습니다. 저희 일행은 도착하자마자 먼저 식당에 들어가 점심 식사와 참이슬을 한 잔하였습니다. 금강산도 식후경이죠. 누들로 속을 든든히 채우고, 한국산 참이슬로 정신무장을 마친 저희 일행은 겐팅 리조트의 카지노에 입장하였습니다.

어디서 본건 있어서, 곧장 VVIP룸으로 입장하겠다는 분들을 겨우 설득하여, 일반룸으로 모시고 갔습니다. 홀에는 포커, 바카라, 룰렛 등 여러 게임을 즐기고 계시는 분들이 많이 있었습니다. 카지노를 한 바퀴 돌고 나서, 회사 수뇌부 두 분은 가장 만만해 보이는 룰렛 기계 앞에 자리를 잡으셨습니다. 예전에는 룰렛이 아날로그 방식으로 게임을 했었는데, 지금은 모두 전자 단말기 앞에 앉아서 게임을 하도록 되어 있는 점이 신기하였습니다. 고참 두 분은 룰렛 기계 앞에 앉아 100링깃 지폐(약 한화 30,000원)를 넣고 게임을 시작하셨습니다. 게임을 안하고 서있는 저를 보고 대표님께서 말씀하셨습니다.

"강 박사, 넌 왜 안 해? 돈 없니? 100링깃 줄까?"

"아닙니다. 제가 게임을 시작하면 여기 카지노 돈을 다 따야 게임이 끝날텐데, 그랬다간 한국 – 말레이시아 간 외교 문제로 비화될 수 있으니 오늘은 참겠습니다."

"그래. 잘 생각했어. 우리가 비즈니스 하자고 여기 온 건데, 갑자기 외교 문제로 CNN에 출연이라도 하면 곤란하지."

저는 사실 이런 게임에 소질도 없고, 별로 즐기지 않습니다. 예전부터 친구들과 여행가서 밤에 고스톱이라도 한판 치면 탈탈 털리기 일쑤였습니다. 하지만 구경하는 것은 좋아합니다. 카지노 여기저기 돌아다니며 다른 분들 게임하는 거 구경하다가 고참들 계신 곳으로 돌아왔는데, 작은 문제가 있었습니다. VVIP룸 가겠다던 분은 돈을 다 잃었는데, 카지노에 처음 오신 분이 돈을 따고 계셨습니다. 현재 남은 돈 200링깃. 이율 100%. 이게 바로 초심자의 행운. 문제는 지폐를 넣을 때는 잘만 받아먹던 룰렛 머신이, 딴 돈을 내놓으라 하니 갑자기 무슨 카드를 넣으라고 하는 것이었습니다. 카지노 직원을 찾아가서 물으니, 전자 게임기로 게임을 즐기신 경우 돈을 인출하려면 카지노 멤버십 카드를 발급받아야 한다는 설명을 해주었습니다.

"판돈을 찾으려면 카지노에 회원 가입하여 멤버십 카드를 발급받아야 한다는데요?"

"뭐? 카지노 멤버십을 가입해야 한다고? 게임 시작할 땐 그런 얘기 없었잖아?"

"카지노 와서 돈 잃고 가는 건 자유지만, 돈 따서 나가는 건 맘대로 못한다 뭐 이런 거야?"

"여튼 그랬답니다."

고참들께서 잠시 고민하셨습니다.

"아, 그럼 어쩌지?"

"야~ 야~ 귀찮게 뭘 카지노 멤버십을 가입해. 그냥 마지막으로 아무 데나 걸고 가자."

우리는 룰렛 게임 베팅 화면에서 여기저기 아무렇게나 터치를 하여 200링깃을 모두 베팅하였습니다. 이윽고 룰렛이 돌아가고, 윙윙윙 또독 또독… 똑! 버린 200링깃이 350링깃이 되어 돌아왔습니다. 한화로 10만 원 남짓 되는 돈.

"어이구야. 이게 웬일이래요? 어쩔 수 없네요. 룰렛 좀 더 돌려보고 계세요. 제가 카지노 회원을 가입해 보겠습니다."

"어쩔 수 없네. 강박, 니가 수고 좀 해야겠다."

물어물어 카지노의 인포메이션에 갔더니 회원 가입은 카지노 밖에 위치한 멤버십 센터에서 가능하다고 친절하게 가르쳐 줍니다. 어렵게 멤버십 센터에 가서 여권을 제시하고, 주소와 핸드폰 번호를 알려주고, 마지막으로 멋지게 증명 사진까지 찍으니 멤버십 카드가 발급되었습니다. 고참들께서 게임 중이신 룰렛 머신으로 돌아와서 제가 새로 발급받은 따끈한 겐팅 카지노 멤버십 카드를 머신에 넣으니 그동안 딴 돈이 멤버십 카드로 옮겨졌습니다. 300링깃. 이 카드를 가지고 환전소에 가니, 캐셔가 저를 힐끔 째려보더니 무엇인가 입력을 하고 현금을 내어줍니다. 눈치를 보아하니 저는 한번 왔다 하면 가져온 돈의 200%의 벌어가는 도신(God of Gamblers)으로 인식하여, 전세계 카지노들의 블랙리스트에 저를 등록하는 것 같은 기분이 들었습니다. 달랑 7만 원 따고 별 걱정 다한다고 생각하실 수도 있겠습니다만.

말레이시아 출장 중 덜컥 생긴 여유시간. 함께 출장 갔던 고참들 모시고 카지노에 잠시 들러 짜장면 값 벌어온 후기는 이쯤에서 마치겠습니다. 쿠알라룸푸르 출장, 비행기 타기까지 반나절 이상 시간 남았는데 뭐 할지 모르겠다? 박물관, 쇼핑 뭐 이런 건 별로 관심 없다? 그냥 빈둥거리기는 좀 아깝다? 그렇다면 겐팅 하일랜드에 한 번쯤 들러, 본인에게 무리되지 않을 정도의 소액으로 자신의 운을 시험해 보시는 것도 나쁘지 않은 선택이 될 수 있습니다.

## 비행기 환승 시간 활용 꿀팁 : 레이오버 여행

**이 나라 저 나라** 출장을 다니다 보면, 직항 편을 타고 다니는 것이 시간도 절약되고 훨씬 편리 한 건 당연합니다. 하지만 멀리 떨어진 국가나 상대적으로 작은 도시로 출장을 가야 하는 경우에는 어쩔 수 없이 항공편을 환승해가며 이동해야 하는 경우도 많습니다. 이때 환승 공항에서 연결편 탑승을 위해 대기하는 시간이 24시간을 넘는 경우를 스탑오버(Stopover), 24시간 이내 시간동안 대기하는 경우를 레이오버(Layover)라고 합니다.

경유하는 공항/도시 상황에 따라 다르겠습니다만, 시간이 넉넉하고 비자가 문제되지 않을 경우 저는 가능하면 공항 밖으로 나가서 잠시라도 새로운 도시와 교감하는 것을 즐기는 편입니다. 일반적으로 환승 대기 시간이 4시간 이하라면 아쉽게도 공항 내에서 시간을 보내는 것이 안전합니다. 하지만 6시간 이상 머무른다면, 공항 밖으로 나가보는 것도 괜찮은 선택일 수 있습니다.

전세계를 패닉으로 몰아넣었던 코로나 팬데믹이 정점을 좀 지났을 무렵, 저는 고객들과 함께 인도 첸나이로 출장 다녀올 일이 있었습니다. 출장 일행은 처음 뵙는 고객 분들을 포함하여 전체 6명이었습니다. 첸나이는 남인도에서 가장 큰 도시입니다만 대한민국에서 가는 직항편은 없습니다. 그래서 인도의 수도인 델리로 가서 인도 국내선을 타고 이동하든지, 아니면 주변 국가의 허브 공항을 경유하여 첸나이로 가는 것이 일반적인 경로입니다.

지난 출장시 최적의 일정을 고민한 끝에, 저희 일행은 방콕을 경유하여 가는 것으로 결정하였습니다. 인천공항(ICN)을 출발하여 방콕 수완나품(BKK) 공항을 경유, 인도 첸나이(MAA)로 들어가는 항공편이었습니다. 살짝 고민이 되었던 점은 방콕 수완나품 공항에 13:30에 도착하는데, 연결 항공편이 22:25에 출발한다는 것이었습니다. 환승 대기시간이 거의 9 시간이었죠. 친한 동료들과 함께 가는 출장이었다면 당연히 짧은 방콕 여행을 추진 했을텐데, 처음 만나는 분들도 계시고해서 어찌해야 할지 모르겠더군요. '라운지에서 시간 때우던지 상황 봐서 카오산 로드 정도 가볍게 다녀오자.' 라고 막연하게 계획해 둘 수밖에 없었습니다.

출장 당일 인천공항에서 출발 1시간 전쯤 비행기 탑승 게이트 앞에 일행들이 모여 가볍게 인사를 하고, 방콕까지 편하게들 가시자고 덕담하며 비행기에 탑승하였습니다. 하지만 비즈니스석으로 업그레이드되기 전까지 이코노미석에서 편안한 비행 따위 없다는 것은 모두 잘 알고 있습니다. 저희가 탑승했던 타이항공 방콕행 TG659편은 에어버스사의 신형 항공기 A350-900 기종이었는데, 깨끗하고 쾌적하긴 하더군요.

보통 항공권을 예약한 후 탑승 1~2일 전까지 인터넷으로 기내식 메뉴를 사전에 예약할 수 있는 서비스가 있습니다. 일반적으로 채식, 종교식, 저칼로리 식사 등이 있는데 항공사에 따라 꽤 괜찮은 식사를 제공하는 경우도 있습니다. 어쨌거나 사전 기내식을 선택해두면 좋은 점이 있는데, 비행시 이런 식사들이 일반 식사보다 먼저 서빙된다는 점입니다. 제가 탑승했던 타이 항공의 방콕행 항공편의 경우에는 'Seafood meal'이라는 해산물 식사가 있길래 저는 미리 사전 예약을 해 두었습니다.

비행기가 안정 고도에 들어서자 식사 서빙이 시작되었습니다. 아니나 다를까 잠시 후에 객실 승무원께서 저에게 'Seafood meal'을 사전 주문한 것이 맞느냐고 확인하고 갑니다. 본격적인 기내식 서빙이 시작되기 전에 저는 먼저 'Seafood meal'을 받아서 화이트 와인과 함께 식사를 하였습니다. 개인의 입맛 따라 다르겠습니다만 저는 먹을 만했습니다. 물론 사전 예약 가능한 기내식 중에 드실 만한 게 있을 때 이야기겠지만, 비행중 먼저 식사를 하고 푹 주무시고 싶으신 분들께서는 기내식 사전예약 서비스를 이용해 보실 것을 권해드립니다. 와인을 곁들여 식사하고, 영화 한 편 감상하고, 화장실 한 번 다녀와서 간식하나 먹으니 비행기가 하강을 시작합니다. 동남아시아까지 비행시간은 대략 6시간 전후. 그나마 이 정도는 이코노미석이라도 견딜 만합니다.

비행기에서 내려 잠시 동안 헤어졌던 일행들을 다시 만났습니다. 환승편 탑승까지 남아있는 9시간 동안 뭐할지에 대하여, 서로 눈치를 보며 어색한 시간이 잠시 흘렀습니다. 두고 온 업무가 있어 라운지에서 업무를 보겠다는 분 두 명. 방콕은 처음이라 꼭 구경하고 싶다는 분 한 명. 얼마 전 방콕 여행을 했기 때문에 원하면 안내를 해보겠다는 분 한 명. 대세를 따르겠다는 분 한 명. 제가 외쳤습니다.

"카오산 로드 가시죠~!"

이날 공항에서 입출국 시간 및 카오산로드까지 왕복 이동 시간을 제외하고 나면 방콕 관광할 수 있는 시간이 대략 5시간 정도 되었는데요.

이번 방콕 레이오버 여행을 통하여 방콕에서 유명한 국수와 요리들을 먹고, 왓포(Wat Phra)에서 태국 최대 크기의 와불도 구경하고, 태국 방문하면 꼭 받아야 하는 마사지 받고, 카오산 로드에서 태국 전통 디저트인 망고 찹쌀밥도 먹고, 똠얌꿍에 맥주 한 잔까지 5시간이면 충분했습니다. 일행 중 두 분께서는 방콕 방문이 처음이셨었는데, 짧은 여행이었지만 방콕에 다시 올 필요가 없을 정도라며 이번 레이오버 여행을 너무 만족해하셨습니다.

다만 이처럼 공항 밖으로 여행을 다녀오실 때 주의하실 사항이 하나 있는데요. 출발 공항 면세점에서 액체류를 구매하시면, 최종 목적지에 도착할 때까지 절대 뜯지 말라고 특수 비닐 포장(Security Tamper-Evident Bag)을 해줍니다. 그런데 이렇게 포장된 액체류를 공항 밖으로 가지고 나갔다가 다시 들어올 경우, 보안 검색대에서 액체류 반입 규정에 걸릴 수도 있습니다. 면세 구역을 벗어나서 외부로 나갔다 온 액체류를 신뢰할 수 없다는 것이죠. 그래서 이런 경우에는 다시 별도의 위탁 수하물로 보내야 하는 경우가 생길 수 있습니다. 공항에 따라서 다를 수는 있습니다만, 레이오버 여행을 나가시기전에 면세점에서 구매하신 액체류는 공항 면세구역 내의 물품 보관함에 보관하셨다가 여행을 다녀온 후 찾아서 비행기에 탑승하실 것을 추천 드립니다. 시간 여유 있게 공항에 도착했다면 모를까 자칫 잘못하면 소중한 면세품들을 포기해야 할 수도 있습니다. 그중에 아내가 부탁한 값비싼 화장품이라도 포함되어 있다면? 출장이 끝나도 집으로 돌아갈 수 없는 상황이 발생할 수 있습니다.

저희 일행은 레이오버 여행을 무사히 마치고 공항에 머물렀던 일행과 합류하였습니다. 저희가 다섯 시간 동안 먹고 구경한 것들을 자랑했더니, 짧은 시간 동안 그 모든 게 가능하냐며 깜짝 놀라시더군요. 그럴 줄 알았으면 자기도 따라갈 걸 그랬다고 후회하시면서요.

　해외 출장시 항공편을 타고 이동하는 경우, 환승하여 이동하는 경우가 많이 있습니다. 이때 환승하는 공항이나 국가가 자주 방문하시는 곳이라면 지나쳐도 상관없겠습니다만, 만약 자주 올 수 없는 곳이라면 환승 시간을 적극적으로 활용하실 것을 추천합니다. 이런 기회가 있더라도 '혼자라서 무섭다', '힘들어서 귀찮다' 등 여러 가지 이유로 공항에 머무르시는 분들이 많으신데요. 조금만 용기를 내보시기 바랍니다. 이런 기회들을 적극 활용하시면 생각보다 보람찬 여행 기회를 발견하실 수도 있습니다. 라운지에 앉아서 이메일 쓰고 열심히 회사를 위해서 일하는 척 하셔 봐야 직장 상사가 인사고과 매길 때 반영해 주지도 않습니다. 그러니 혹시라도 환승 시간 동안 여행할 수 있는 기회가 생긴다면 절대 놓치지 마시기 바랍니다.

## 해외 출장 여행이 시작되는 곳, 공항 라운지

**진정 열정적으로** 일하시는 출장러 분들은 공항에서의 대기 시간조차 아까워 하십니다. 그런 대기시간들이 아까워 사무실에서 열심히 일하시다가, 공항에는 비행기 출발 한 시간 반 ~ 두 시간 정도 전에 딱 맞춰서 도착하신다는 분들도 계신데요. 진정 회사 일을 내 일처럼 생각하고 열심히 일하시는 그 열정은 진심으로 존경합니다. 사장님들 말고요. 여하튼 비즈니스석 이상의 좌석 탑승 예정이거나 탑승 항공사의 멤버십 등급이 높아서 상위 좌석 카운터를 이용하여 티케팅 하시는 분이라면 이해합니다. 하지만 이코노미석 탑승 예정인데 너무 딱 맞춰서 공항에 도착하시는 것은 생각지도 못한 여러 가지 리스크가 있을 수 있습니다. 그래서 저는 조금 넉넉히 공항에 도착하여 라운지에서 간단히 식사하시면서 업무를 보시고, 잠시 쉬었다가 출국하시는 것을 추천 드립니다.

공항 라운지? 아직도 공항 라운지는 항공사의 VIP 멤버나 비즈니스 클래스 이상의 항공권을 구매한 승객들만 이용할 수 있는 곳이라고 생각하시나요? 그렇지 않습니다. 최근에는 공항 라운지를 무료로 이용하실 수 있는 다양한 방법들이 있습니다. 저는 업무 출장과 개인 여행을 포함하여 일 년에 서너 번 이상 해외에 가실 일이 있으신 분이시라면 일반적으로 PP카드(Priority Pass Card)라고 부르는 공항 라운지 무료이용 멤버십 가입을 적극 추천 드립니다. PP 카드라는 것이 무엇인지 아직 생소하신 분들도 계실텐데요. 이 멤버십 카드는 간단히 설명 드리면 전세계 여러 공항에 있는 라운지 중 PP 카드와 협약 되어있는 라운지들에 무료로 입장하는 것입니다. 더 자세한 내용은 〈블레저's 노하우 5〉를 참조하시기 바랍니다.

출국 심사 후 공항 라운지에서 편안한 자리를 잡으시고 간단한 식사를 즐기시면서 우아하게 와인 한잔 마시고 있노라면 스스로가 나름 경험 많은 프로 출장러가 된 것 같은 느낌이 들곤 합니다. 라운지에서 급한 업무 처리를 하시고 나서 탑승 시간에 맞추어 출발 게이트로 이동하는 것이, 사무실에서 일하다가 허겁지겁 공항에 도착하는 것보다 본인의 소중한 시간을 더 효율적으로 사용하실 수 있다고 생각합니다. 마음도 편안하고요. 하여튼 대한민국 출장러들의 해외 출장이 시작되는 곳은 인천 공항이라고 할 수 있는데요. 인천 공항은 영국 항공 서비스전문 리서치 기관인 스카이트랙스(Skytrax)가 발표한 2024년 세계 공항 순위에서 3등을 차지한 공항입니다. 이러한 명성에 걸맞게 1터미널, 탑승동, 2터미널에는 수준 높은 라운지들이 설치되어 운용되고 있으며, 라운지 무료 입장 멤버십을 이용하여 들어갈 수 있는 라운지도 다양합니다. (참고로 2024년 기준 세계 공항순위 1위는 카타르 하마드 공항, 2위는 싱가포르의 창이 공항, 4위는 일본의 하네다 공항입니다.)

   사실 출장 다니시는 지역이 우리나라에서 직항으로 연결되는 국가/도시로의 출장이 많으신 분들은 라운지 이용 필요성이 크게 와닿지 않으실 것 같은데요. 하지만 한번 이상 환승이 필요한 국가/도시로 출장이 잦으신 분들께는 특히 더 필요한 게 무료 라운지 입장입니다. 저는 코로나가 발생하기 1년 반쯤 전에 아프리카 남부에 위치한 모잠비크의 마푸투로 출장을 다녀올 일이 있었습니다. 여유롭게 인천 공항에 도착하여 함께 출장 가는 같은 팀의 라과장과 연구소 서책임을 만나서 마티나 라운지에 입장하였습니다. 평소에 해외 출장을 자주 다니는 라과장은 PP카드를 가지고 있어서 라운지 무료입장이 가능했지만, 서책임은 PP카드가 없어서 제가 일부 비용을 부담하고 게스트로 입장을 할 수 있었습니다. 마티나 라운지에서 식사를 하고나서 싱가포르 항공의 SQ609편 A330 항공기를 타고 인천을 출발. 싱가폴 창이공항에 도착하여 SATS라운지에서 편안하게 휴식을 취한 뒤 남아프리카 공화국 요하네스버그로 가는 SQ478편 A350기 탑승하여 10시간 동안 비행. 남아프리카공화국 요하네스버그 공항에 도착하여 Bidvest 라운지에서 간단히 식사하며 쉬었다가 다시 남아프리카 항공 소속의 A319기로 운항되었던 SA142편을 타고 목적지인 모잠비크의 수도 마푸토에 도착했던 경험이 있습니다. 편도 출장길에서만 라운지를 세 번 이용했었던 것이죠. 무제한 입장이 가능한 무적의 PP 카드를 보유하신 분들 중에는 심지어 한 공항에서 여러 라운지에 입장하시는 라운지 투어를 즐기시는 분도 계실 정도 입니다.(멤버십 종류/가입 조건에 따라 일, 월에 이용 가능 횟수에 제한이 있을 수 있으니 주의할 것.) 비행시간만 무려 스무 시간 가까이 되는 출장 길. 익숙하지 않은 공항에서 오랜 비행과 시차로 인하여 지친 몸을 이끌고 공항 벤치에서 시간을 보내는 것은 생각 이상으로 꽤나 피곤한 일입니다. 이보다는 공항의 라운지에 입장하여 편안하게 자리잡고 쾌적한 인터넷을 즐기며 식사와 함께 와인 한잔하며, 샤워도 하고, 휴식을 취하는 것은 출장러들이 피로를 회복하고 최상의 컨디션에서 일을 할 수 있게 합니다. 물론 몇 안 되는 음식들은 입맛에 맞지 않고, 이용 손님들이 많아서 시장통처럼 와글와글 소란스럽고, 주류는 유료라서 별로 마음에 들지 않는 라운지들도 많습니다. 그럼에도 불구하고 공항내 탑승 게이트 옆 딱딱하고 차가운 벤치보다는 쓸만하고, 화장실도 좀 더 여유가 있고 게다가 안전합니다.

이렇게 해외 출장러들에게는 필수품이라고 할 수 있는 공항 라운지 무료 입장 멤버십 서비스는 각 서비스별로 연회비를 내고 개별 가입도 가능합니다. 하지만 저는 신용카드 중 공항 라운지 무료입장을 부가 서비스로 제공하는 카드를 하나 만드시는 것을 추천 드립니다. 단, 신용카드마다 제공하는 서비스가 다르니, 본인의 출장 스타일을 고려하셔서 적절한 카드를 선택하시기 바랍니다.

블레저's 노하우 5
# 공항 라운지 무료 이용 프로그램 소개

　　전세계 공항에는 각 항공사 또는 호텔 등에서 운영하는 다양한 라운지들이 운영되고 있습니다. 원래 이러한 라운지들은 퍼스트 클래스 및 비즈니스 클래스 승객들 또는 항공사의 멤버십 등급이 높은 VIP 회원들만 이용할 수 있습니다. 아니면 꽤 비싼 요금을 지불해야 입장이 가능하죠. 하지만 일반적으로 PP카드라고 부르는 멤버십 카드를 가지고 있으면, 이 멤버십 서비스와 제휴 되어 있는 전세계 약 1,300개 정도의 공항 라운지를 무료로 입장할 수 있습니다. 이러한 공항 라운지 무료 프로그램은 여러 가지가 있는데요. 국내에서는 세계 최초로 1992년에 시작된 PP카드(Priority Pass Card), 2014년 미국에서 시작된 라운지키

(LoungeKey), 그리고 2018년 대한민국에서 시작된 더 라운지 멤버스(The Lounge Members)가 가장 널리 이용되고 있습니다. 이용 관련 세부적인 내용 및 입장 가능한 라운지 정보 등은 각 멤버십 서비스의 홈페이지에서 확인 가능 합니다.

   국내에는 이러한 라운지 무료 입장 프로그램과 연결된 서비스를 제공하는 다양한 신용카드 들이 출시되어 있습니다. 하지만 겉모습은 똑같이 생긴 PP카드라고 해도, 모 신용카드 종류에 따라 연간 5회, 10회와 같이 라운지에 입장할 수 있는 횟수 제한이 있기도 합니다. 또는 연간 무제한 입장이 가능하더라도 하루에는 1회만 입장이 가능한 경우도 있습니다. 해외 라운지는 무료이지만 국내 라운지 입장시에는 일정 요금을 지불해야 하는 경우도 있죠. 당연한 이야기지만, 연회비가 비싼 신용카드 발급시 제공되는 PP카드가 더 좋은 혜택을 제공합니다. 또 대부분의 경우 카드사에서 요구하는 전월 카드 이용실적을 충족해야 라운지 무료입장 서비스를 제공받을 수 있습니다. 본인의 해외 출장 횟수, 출장 지역(특히 직항을 타는지 경유를 해야하는지) 와 신용 카드 사용 패턴 등을 고려하여 적절한 신용 카드를 선택하여 슬기롭게 사용하시기 바랍니다.

## 여행가고 싶은 곳으로 출장 가는 비법

**누구라도 하나쯤** 가보고 싶은 나라나 도시가 있을 텐데요. 이런 곳으로 내 돈과 내 휴가를 쓰지 않고, 업무로 출장 가는 상상을 직장인이라면 한 번쯤은 해 보셨을 겁니다. 이런 상상이 현실이 될 수 있다면 얼마나 짜릿할까요? 이런 방법이 과연 있을까요?

네! 물론 없습니다.

굳이 방법을 찾자면 회사의 오너 사장이 되거나 여행 작가가 되는 것 정도일까요? 하지만 사장님께서 자기 놀러가고 싶은 곳으로만 출장 다니는 회사는 얼마 못 가서 망하고 말 것입니다. 국내외로 놀러다니는 것이 일인 '꿈의 직업' 여행 작가!(또는 여행 방송 PD님이나 유튜버님들) 그러나 여행 작가님들도 책이나 기사 의뢰를 받아서 다니는 것이지, 자기가 진정 하고 싶은 여행을 할 수 있는 경우는 제한적이라고 합니다. 꿈의 직업도 결국 직업인 것이죠.

하지만 일반 직장인 출장러인 저는 여행가보고 싶었던 곳으로 출장을 가는 경우가 꽤 있는데요. 최근에도 평소에 꼭 한 번 가보고 싶었던 도시로 출장을 다녀왔습니다. 그곳은 바로 중앙아시아 우즈베키스탄에 위치한 천년고도 사마르칸트인데, 과거 실크로드 시대의 중심 도시였던 곳 중 하나입니다. 아니? 가고 싶은 곳으로 가는 출장 따위는 없다고 단언하더니, 너는 어떻게 다녀온 거냐구요? 먼저 출장 다녀온 내용부터 소개하고, 비법은 마지막에 공개하겠습니다.

저는 엔지니어로 일하고 있는데, 업무 특성상 몇몇 고객을 지속적으로 만나는 형태가 아니라, 다양한 고객을 만나서 새로운 제안을 하거나 컨설팅 하는 일을 업으로 삼고 있습니다. 그러다 보니 특정 국가를 집중적으로 다니는 출장이 아닌, 다양한 국가로 출장 다니는 일이 많은 편입니다. 언젠가 지인이 물어보셔서 헤아려보니, 십여 년 동안 36개국 정도를 출장 다녀왔더군요. 하지만 2018년도에 출장으로 부탄과 방글라데시에 처음으로 발을 디뎌본 후, 전세계를 송두리째 뒤 흔들었던 코로나로 인하여 해외 출장이 어려워져서 한동안 그 숫자는 변함이 없었습니다.

최근 정말 오래간만에 새로운 국가의 고객을 만날 일이 생겼는데, 바로 중앙 아시아 우즈베키스탄에 위치한 고객이었습니다. 서남아, 동남아, 중동 등에 위치한 국가들은 가보았지만, 중앙아시아에 위치한 국가로의 출장은 처음이었습니다. 1991년 소련 붕괴 때 독립한 이중내륙국(Double-landlocked Countries) 우즈베키스탄으로의 출장. 항공편 예약하는데 오랜 만에 설레더군요.

제가 출장 가던 시기에는 대한항공, 아시아나 항공, 우즈베키스탄 항공에서 인천-타슈켄트간 정기편을 띄우고 있었습니다.(운항하는 항공사는 항공사 사정에 따라 바뀔 수 있습니다) 비행시간은 인천공항을 출발하여 타슈켄트로 갈 때는 7시간 남짓, 다시 한국으로 돌아올 때는 5시간 남짓 걸립니다. 편서풍 덕이죠. 우리나라와 우즈베키스탄 시차는 네 시간.

저와 회사 동료는 대한항공 KE991편을 타고 타슈켄트에 도착했습니다. 저희를 데려다 준 비행기는 에어버스사 A330-200 기종, 등록번호 HL8212인 기체였습니다. 일반적인 하늘색 대한항공 도장이 아니고 스카이팀 도장이 되어있는 멋진 항공기입니다. 그 비행기를 타고 도착한 우즈베키스탄은 제 개인적으로는 36번째 방문해 보는 국가였습니다. UN기준 전세계 국가 195개국(옵서버 2개국 포함)을 모두 가보는 것이 저의 버킷리스트 첫 줄인 것을 고려하면, 아직도 가봐야 할 나라는 너무나도 많습니다. 세계적으로도 최고 수준인 인천공항에 비하면 아담한 편인 타슈켄트 공항에서 택시를 타고 숙소로 이동하였습니다. 저희 회사의 우즈베키스탄 현지 협력업체 사무실이 타슈켄트 중심지인 아미르 타무르(Amir Temur) 광장 근처에 위치해 있기에, 저희도 업무의 편의성을 고려하여 광장 근처에 숙소를 예약하였습니다. 당연한 이야기지만, 합리적인 가격에 깨끗하고 좋은 숙소는 시내에서 멀고, 시내에 위치한 깨끗하고 좋은 숙소는 비쌉니다. 회사 출장 예산을 고려하여, 저희 일행의 선택은 합리적인 가격에 타슈켄트 시내 중심가에 위치한 오래된 호텔이었습니다.

공항을 빠져나와 택시를 타고 호텔로 이동하면서 협력사 사장님과 메신저를 이용하여 연락을 하였습니다.

"굳 이브닝! 미스터 가지프. 우리는 잘 도착해서 호텔로 이동 중이야. 내일 아침 9시에 너네 사무실에서 봐."

"헤이~ 닥터 강. 여기까지 오느라 고생 많았어. 잘 쉬고 내일 봐. 그런데 우리 일정에 조금 변경이 생겼어."

"응? 일정 변경? 일정이 어떻게 바뀌었는데?"

출장 중에 일정 변경은 늘상 경험하는 일입니다. 뭐 고객들 만나는 순서가 좀 바뀌었으려니~ 했는데 그것보다는 조금 더 피곤한 상황이 되어있었습니다.

　원래 출장 일정 중에 M사 고객들을 우즈베키스탄 수도 타슈켄트에 위치한 본사에서 만날 예정이었습니다. 문제는 원래 만나기로 했던 고객사 키맨이 갑자기 프로젝트 현장으로 출장이 생겼다는 것이었습니다. 그런데 기왕 그렇게 된 거, 자기네 현장에 와서 세미나를 해주면 더 많은 엔지니어들도 참석할 수 있어서 좋지 않겠냐는 제안이었습니다. 저도 고객 한 명이라도 더 데리고 세미나를 하면 좋겠다는 생각에는 적극 동의했지만 문제는 타슈켄트에서 M고객사 현장까지의 거리였습니다. 그 현장은 나보이라는 도시에 있었는데, 이곳은 타슈켄트 서쪽으로 약 470km 떨어져 있었습니다. 급하게 변경된 일정이라 비행기나 고속열차를 이용할 수 없었고, 꼼짝없이 차량으로 이동해야 하는 상황. 구글맵으로 검색해 보니 소요시간이 편도 7시간 30분이라고 안내됩니다. '아 이런~ 이동시간만 7시간 30분이면, 가다가 밥 먹고, 기름 넣고, 쉬면서 커피 한잔하면 9시간은 족히 걸리겠는걸.' 그래도 어쩌겠습니까? 고객님께서 찾으시면 지옥의 입구라도 가야 하는 게 직장인의 숙명인 것을요.

　그래서 급히 일정을 바꿔서 오전에 협력사 사무실에서 미팅을 갖고, 오후에 바로 차량으로 나보이로 이동. 그 다음 날 오전에 M고객사 현장에서 매니저들 및 엔지니어들 대상으로 기술 세미나를 진행하고, 오후에 다시 차를 타고 타슈켄트로 복귀하는 것으로요. 참 먹고사는 게 만만치 않습니다.

　해외 출장 중에 로컬 출장을 가야 하는 날 아침. 시차 문제도 있고, 걱정도 좀 되어서 생각보다 일찍 눈이 떠졌습니다. 젊었을 때는 와인 한잔 마시고 푹 자고 나면 그래도 버틸 만했었는데, 나이가 들수록 시차적응도 더 힘들어집니다. 씻고 나서 호텔 조식을 먹기 위하여 혼자 식당으로 향했습니다. 꽤 이른 시간이었음에도 단체 관광객이라도 있는 것인지 식당 테이블은 만석이었습니다. 달걀 프라이, 빵, 소세지, 샐러드 등 몇몇 가지를 담은 접시와 커피 한잔을 들고 방황하다가 8인석 라운드 테이블에 반 자리가 있는 것을 발견하고 겨우 합석할 수 있었습니다.

　호텔 레스토랑에서 겨우 식사를 마치고 나서, 동료와 함께 협력업체 사무실에 방문하여 미팅을 하였습니다. 1년 가까이 On-line에서만 보다가 실제로는 처음 만난 분들과 반갑게 인사를 하고 현재 비즈니스 상황 및 향후 미팅 계획에 대하여 협의하였습니다.

　"그래서 미스터 가지프, 내일 아침에 M사와 나보이에서의 미팅은 컨펌 된거야?"

　"물론. 지금 미팅 끝나고 영업 담당 안나르씨와 함께 이동하면 돼. SUV 차량과 운전할 드라이버는 준비되어 있어."

　"오케이. 잘됐네."

　"나보이까지는 아마 5시간 좀 넘게 걸릴 거야."

　"아~ 그렇구나."

저는 속으로 생각했습니다. '5시간? 구글맵에서는 운전시간만 7시간 반이라고 했는데 이 양반이 어디서 구라를'이라는 생각에 저도 모르게 입을 댓 발 내밀었는지 모르겠습니다. 제 표정을 보고 눈치를 챘는지 업체 사장이 재빠르게 말을 이어갑니다.

"멀리 다녀오느라 고생이 많을 텐데, 미팅 끝나고 오는 길에 사마르칸트에 좀 들려서 구경 좀 하다와. 내가 드라이버에게 이야기해 뒀으니 알아서 데려다 줄 거야."

눈치 하나는. 이래서 이 양반이 사장이구나 싶었습니다.

사 마 르 칸 트 !

실크로드 시대의 중심지, 천년 고도 사마르칸트. 중앙아시아에 간다면 반드시 들려야 할 도시 1위. 언젠가는 꼭 가보고 싶은 곳으로 저의 구글맵 즐겨찾기에 저장되어 있는 도시입니다. 사실 이번 우즈베키스탄 출장을 준비하면서 내심 가보고 싶었지만, 출장 일정이 너무 빡빡하여 다음을 기약할 수밖에 없었던 그곳. 중년 출장자의 마음은 이리도 간사한 것일까요? 사마르칸트라는 한마디에 너무나도 기분이 좋아졌습니다.

우즈베키스탄의 수도 타슈켄트에서 M사의 현장이 있는 나보이까지

약 470km. 서울-부산 거리 보다 살짝 더 먼 거리입니다. 이동하는 동안 차량에 연료도 넣고, 커피도 한잔 마시고, 저녁 식사도 하였습니다. 우려했던 데로 결국 9시간 넘게 걸려서 덜컹거리는 차를 타고 숙소에 도착했을 때는 진정으로 녹초가 되어버렸습니다. 하지만 자칭 프로 출장러 답게 노트북을 켜고 다음 날 프레젠테이션 할 자료를 수정하고, 발표할 내용을 다듬고, 몇 번 영어 발표 연습을 하고 나서 잠자리에 들 수 있었습니다.

다음 날 원래 만나기로 했던 관리팀 매니저 외에 엔지니어링팀 리더를 포함하여 많은 분들이 저희 기술 세미나에 참석해 주셨습니다. 저의 유창한 콩글리쉬 프레젠테이션 중간중간 질문들이 오갔습니다. 날카로운 질문에 잠시 긴장도 되었지만, 청중들이 저의 발표 내용을 제대로 이해하고 있고, 또 이렇게 관심을 가져준 다는 사실이 매우 즐거웠습니다. 그 바람에 예상 시간을 훌쩍 넘어서 두 시간가량 세미나가 진행되었고, 저는 그리 덥지도 않은 회의실내에서 혼자서 땀을 뻘뻘 흘리며 마지막 멘트를 날렸습니다.

"긴 시간 동안 제 발표를 들어주셔서 감사합니다. 더 질문 있으십니까?"

엔지니어팀 리더께서 말씀하십니다.

"닥터 강. 이렇게 먼 곳까지 와서 좋은 발표해 주셔서 대단히 감사합니다. 우리에게 꼭 필요한 솔루션인 것 같네요."

"아닙니다. 언제라도 필요하면 다시 불러주십시오."

"회사 관리팀에서 '만약' 승인해 준다면 가능한 한 빨리 우리 회사에 적용해 보고 싶네요."

그때 관리팀 매니저가 끼어듭니다.

"하하하. '만약'이라는 말은 빼셔도 될 것 같습니다. 제가 생각하기에도 이 솔루션을 도입하면 우리 회사에 많은 도움이 될 것 같네요. 견적을 보내주시기 바랍니다."

"감사합니다. 이곳 현장의 조건을 고려하여 최적의 견적을 제출하도록 하겠습니다. 빠른 시간 내에 다시 뵙고 싶네요~"

미팅은 생각보다 더 성공적이었습니다. 미팅을 마치고 나서, 고객과 다음을 기약하는 덕담을 나누고 나서 꿈에 그리던 사마르칸트로 향했습니다.

저의 구글맵에 별표로 저장되어 있는 도시. 이름만 들어도 뭔가 신비한 느낌이 드는 사마르칸트. 그곳에 정말 어렵게 도착했습니다. 여행자 신분이었다면 며칠을 머물렀겠지만, 아쉽게도 출장자에게 허락된 시간은 그리 넉넉지 못했습니다. 지구인이든 화성인이든 옆집 초등학생이든 누구에게 묻더라도, 사마르칸트에서 볼 단 한 곳을 고르라고 한다면 그 대답은 모두 레기스탄(Registan)일 것입니다. 저희 일행은 붐비는 주차장에서 겨우 주차를 하고 꿈에도 그리던 레기스탄 광장을 마주했습니다.

　드넓은 모래밭에 우뚝 선 정교하면서 아름다운 레기스탄. 세개의 웅장한 건물이 만들어내는 대칭미는 너무나도 아름답습니다. 페르시아어로 '모래의 땅'인 이곳은 정말 바라보는 것만으로도 숨이 막힐 지경이었습니다. 한참을 멍하니 바라보다가 매표소에 가서 입장권을 구매하였습니다. 외국인은 50,000 숨. 우리나라 돈으로 오천 원이 조금 넘는 돈입니다. 입장료에는 외국인과 내국인 사이에 꽤 차이가 있는데요, 여러 나라가 그러하듯 내국인에게는 훨씬 저렴한 요금만 받습니다. 살짝 쌀쌀한 날씨에도 불구하고, 약 두 시간가량 돌아다니며 이 아름다운 건물의 구석구석까지 모두 눈에 담았습니다. 야경은 더 아름답다고 하는데, 돌아가야 할 길이 멀어서 아쉽지만 눈물을 머금고 차에 올랐습니다. 사마르칸트를 다 둘러보지 못한 아쉬움을 두고 타슈켄트로 향하는 길. 앞으로 당분간 제 업무의 최우선 순위는 M사의 요구에 대하여 F/U(Follow Up)이 될 것 같다는 예감이 들었습니다. 중앙아시아 시장에서 새로운 프로젝트 발굴 및 수행을 통하여, 회사에 큰 이익을 가져다줄 수 있을 것 같았기 때문입니다. 이 신비하고 아름다운 도시에 자주 오고 싶다는 저의 소박한 사심은 이 책을 읽으신 독자님과 저만의 비밀로 해두겠습니다. 이 비밀을 이천만 명쯤 알게 된다면 더 바랄 것이 없겠습니다만.

머물고 싶은 곳에서 마음껏 머물 수 없는 것이 출장 여행자의 타고난 운명입니다. 하지만 또 내 돈 한 푼 안 들이고 떠날 수 있는 것이 출장 중의 여행, 블레저 여행(Bleisure Travel)입니다. 대부분 내가 가고 싶은 곳으로 갈 수는 없는 것이 출장자의 숙명입니다. 그렇다고 해결책이 없는 것은 아닌데요. 출장가고 싶은곳으로 여행가는 저의 비법은 바로

"전세계 모든 나라에 가보고 싶은 곳을 만들어 두는 것"
입니다.

저는 TV나 유튜브 영상을 볼 때, 책, 잡지, 신문 기사를 읽을 때, 라디오에서 재미있는 소식을 듣거나 출장지에서 멋진 것을 발견한 누군가와 이야기할 때, 심지어는 스팸성 광고 이메일까지도 유심히 봅니다. 어떤 것을 보다 가도 '나도 언젠가는 꼭 가보고 싶다.' 라는 생각이 드는 곳을 발견하면 즉시 핸드폰의 구글맵을 실행하여 위치를 저장해 둡니다. 아름다운 자연 경관, 랜드마크, 성지, 폐허, 축제, 쇼핑 장소, 현지인 들의 맛집 등등 흥미로운 곳이라면 가리지 않고 카테고리를 나누어 저장해 둡니다. 왜 가고 싶은지, 그리고 언제 가면 더 좋은지 등과 같은 간단한 메모와 함께요. 그래서 제 구글맵 즐겨찾기에는 인구 1,000명 이상 거주하는 마을 중 최북단이라는 롱위에아르비엔(Longyearbyen), 오스트리아 잘츠부르크에서 매년 모차르트 생일인 1월 27일 전후

로 개최되는 축제, 지구상에서 가장 외계처럼 느껴진다는 소코트라(Socotra) 섬, 세 개의 대양이 만나는 인도의 남쪽 최남단 칸야쿠마리(Kanyakumari) 사원, 삼국지 팬이라면 꼭 가봐야 한다는 유비와 제갈량이 잠든 중국 성도 무후사(武侯祠), 천국에 가장 가까운 섬이라는 남태평양의 누벨칼레도니(Nouvelle-Caledonie), 세계에서 가장 아름다운 동굴들 중 하나라는 칠레 마블 동굴(Marvel Caves) 등등등. 죽기 전에 가보고 싶은 곳들로 가득 차 있습니다. 그래서 저는 전세계 웬만한 곳에 출장을 가더라도, 구글맵에 찍어둔 별표들이 늘 가까이 있습니다. 물론 '가까이'라는 의미가 지구 규모에서 보면 수천 km 정도일 때도 있지만 말이죠. 출장을 목적으로 방문하기에는 쉽지 않아 보이는 곳들이 대다수이긴 합니다. 하지만 기회라는 녀석이 언제 어떻게 다가올지는 모르는 법입니다. 제가 세계 3대 폭포 중 하나인 남미 이과수 폭포를 출장으로 다녀오게 될지 상상이나 했겠습니까?

이처럼 세계지도에 여행 가고 싶은 곳을 잔뜩 표시해 두면, 어디로 출장 가더라도 가보고 싶었던 곳이 근처에 있을 것입니다. '에이~ 뭐야! 말장난에 속았잖아!' 싶으신가요? 이런 준비가 별것 아닌 거 같아 보이지만 사실 그리 간단하지는 않습니다. 평소에 그런 정보를 접할 때마다 즉각 기록을 해두어야 하는데요. 이 작업이 생각보다 꽤 번거롭고, 오랜 시간 동안 지속적인 끈기를 요구하기 때문입니다. 게다가 나의 취향, 개성, 철학이 녹아 있는 이런 종류의 리스트라는 것이 하루 아침에 누군가의 것을 베껴서 만들 수 있는 것도 아닙니다. 그렇기 때문에 꽤 오랜 기간 동안 지속적으로 관심을 가지고 유지해 나가야 나만의 무언가를 만들 수 있습니다. 여하튼 출장이라는 것이 미리 여유 있게 계획할 수 있는 경우도 있지만, 현업에 쫓기다 덜컥 비행기부터 타게 되는 출장도 많습니다. 따라서, 평소 틈틈이 대비해 두면, 출장 중 잠시 생기는 선물 같은 여백 같은 시간을 알뜰하게 즐길 수 있을 것입니다.

이것이 여행 가고 싶은 곳으로 출장 가는 저만의 비법입니다.

블레저's 노하우 6
# 항공사 마일리지의 스마트한 사용법

해외 출장을 다니다 보면 항공사의 마일리지가 시나브로 쌓이게 됩니다. 우리나라 직장인 출장러들은 대부분 대한항공이 멤버인 스카이팀(SkyTeam)이나, 아시아나 항공이 속해 있는 스타 얼라이언스(Star Alliance)에 마일리지를 모으고 계실텐데요. 비좁은 이코노미석에서 척추를 희생해가며 모은 피땀 어린 마일리지. 이 소중한 것을 어떻게 사용해야 남들이 부러워할 것인지, 항공사 마일리지의 스마트한 사용 방법에 대하여 알아보겠습니다.

(1) 항공사 마일리지 란?

항공사 마일리지 제도는 항공사를 자주 이용하는 고객에게 포인트나 마일을 적립해 주는 고객 충성도 프로그램입니다. 이 프로그램을 통해 고객은 항공편 이용 시 거리에 비례하여 마일을 적립할 수 있으며, 적립된 마일리지를 다양한 혜택으로 교환할 수 있습니다.

좌석 등급이나 항공권 예약 클래스에 따라 다르지만, 이코노미석을 이용해서 동남아시아 다녀오시면 왕복 기준 대략 4~5천 마일, 미국이나 유럽을 다녀오시면 약 만 마일이 정도 적립이 되는데요. 마일리지를 많이 적립할수록 회원 등급이 올라가며, 높은 등급의 회원은 전용 카운터 이용, 무료 위탁 수하물 추가, 라운지 이용 등의 혜택을 누릴 수 있습니다.

(2) 마일리지 사용처

마일리지를 사용할 수 있는 방법은 여러가지가 있습니다. 가장 기본적으로는 잘 알고 계시는 무료 항공권 구매, 좌석 업그레이드가 가능합니다. 그 밖에도 호텔 숙박, 쇼핑, 투어, 기내 면세점, 자체 스토어 등 다양하게 사용하실 수 있습니다.(세부 사항은 각 항공사 홈페이지 참조)

단, 적립된 마일리지는 사용 기한이 있는데요. 대한항공과 아시아나 항공은 적립일로부터 10년이 되는 해의 12월 31일까지 사용이 가능하며, 이 기간내에 사용하지 않으면 자동 소멸 됩니다.(대한항공은 2008년 6월 30일, 아시아나 항공은 2008년 9월 30일 이전에 적립한 마일리지는 유효기간이 없음)

(3) 가장 스마트하게 사용하는 비법

앞서 말씀드린 바와 같이 마일리지는 다양하게 사용할 수 있습니다. 문제는 이들 사용처별로 1마일의 가치가 동일하지 않다는 것인데요. 자, 그럼 척추를 희생해가며 모은 소중한 마일리지를 남들이 부러워할 만큼 똑똑하게 사용하는 방법을 알아보겠습니다.

여러 마일리지 사용처의 가성비를 확인하기 위해서는 1마일당 가치를 비교해 보면 되는데요. 대한항공 마일리지의 주요 사용처 및 마일당 가치를 예를 들어 보겠습니다. 대한항공 홈페이지에서 사용하실 수 있는 이마트 상품 1만원 할인권, 차감 마일리지 1,400마일, 1만원을 1,400마일로 나누면 마일당 가치는 7.14원인 것을 알 수 있습니다. 똑같이 계산을 해보면 1907 에코 숄더백은 마일당 7.87원, 제주 민속촌 성인 입장료는 마일당 9.38원, 그랜드 하얏트 인천 일반룸 평일 1박 숙박료는 마일당 10.12원, 콕시클 와인 텀블러는 마일당 14.1원 인 것을 확인 할 수 있습니다.

다음으로는 마일리지를 이용한 보너스 항공권 발권을 알아보겠습니다. 중거리 노선인 인천~방콕 편도 항공권의 경우 일반석 평수기가 약 40만원, 차감 마일리지 2만 마일, 마일당 가치 20.0원, 비즈니스석(프레스테지석)은 약 120만원, 차감 마일리지 3.5만마일, 마일당 가치는 34.3원입니다. 장거리 노선인 인천~뉴욕 편도 항공권의 일반석의 경우 평수기 기준 대략 120만원, 차감 마일은 3.5만마일이며, 마일당 가치는 34.3원입니다. 비즈니스석은 대략 400만원, 차감 마일은 6.25만 마일, 마일당 가치는 64.0원입니다. 일등석은 대략 700만원인데, 차감 마일리지는 8만마일, 마일당 가치는 87.5원입니다. 느낌이 딱 오시나요? 멀리가는 항공편의 일등석 항공권의 마일당 가치가 최고입니다.

결론적으로 미국이나 유럽과 같이 멀리 가는 항공편의 일등석 티켓이 가장 스마트한 사용처라고 할 수 있습니다. 하지만 현실적으로 여의치 않다면 중장거리 비즈니스석도 꽤 훌륭한 사용처라고 할 수 있으며, 이는 아시아나 항공도 비슷합니다. 하지만 마일리지를 가성비 좋게 사용하기 위하여 굳이 별로 가고 싶지 않은 곳을 혼자 일등석 타고 다녀오시는 것은 그다지 탁월한 선택은 아니라고 생각합니다. 그보다는 가까운 곳을 가는 이코노미석 보너스 항공권이라도 사랑하는 사람들과 함께 즐거운 여행을 즐기는 것이 더 현명한 선택이라고 생각합니다.

그나저나 마일리지로 보너스 항공권 예약하는게 너무 힘들다고요? 저도 100% 동감합니다. 한 가지 팁을 드리자면, 보너스 항공권 예약은 출발일 기준 361일전 날 오전 9시에 예약이 시작(대한항공, 아시아나 항공 동일)되는데요. 뉴욕, 로스엔젤레스, 파리, 런던 같은 선호 도시들의 일등석이나 비즈니스석 항공권은 정말 9시 땡 하자마자 몇 초 안되어 정말 말 그대로 순삭됩니다. 상대적으로 비 선호 도시의 비즈니스석이나 여행가기 좋은 시즌의 이코노미 석도 얼마 안가서 매진되고요. 따라서 마일리지를 사용하여 보너스 항공권 발권을 계획하시는 분들께서는 1년쯤 전에 여행 계획 세우실 것을 권해드립니다. 쉽지 않은 일이라는 것을 잘 알고 있습니다만, 마일리지를 효과적으로 사용하기 위해서는 그만큼의 철저한 준비가 필요합니다. 항공사에서 보너스 항공권을 왕창 풀기 전까지는 말이죠.

이코노미석을 비즈니스석으로 좌석 승급하는데 마일리지를 활용하시는 분들도 꽤 많으실 텐데요. 회사 출장시 사용하시는 거라면 꽤 추천할만한 방법입니다만, 개인 여행을 가시는 거라면 고려하실 사항이 많습니다. 왜냐하면 마일리지를 사용한다고 해서 모든 항공권을 승급할 수 있는 것이 아니라, 승급 가능한 항공권(대한 항공의 경우 J/C/Y/B/M, 아시아나 항공의 경우 Y/B/M)이 따로 있기 때문인데요. 예를 들어 평수기에 대한항공을 이용하여 파리 여행을 간다고 할 경우, 이코노미석 편도 기준 인터넷 최저가는 70만 원 수준인데, 이 항공권을 구매하시면 내 마일리지가 아무리 많더라도 비즈니스석으로 승급하실 수 없습니다. 승급이 가능한 항공권은 140만 원 수준으로 최저가 항공권의 거의 두배 가까운 가격입니다. 따라서 회사 업무 출장시 회사에서 승급 가능한 항공권을 사줬다면 좌석 승급하는데 마일리지를 사용하셔도 좋습니다. 하지만 내 돈 내고 여행 갈 때 사용하실지는 개인 취향의 영역이겠습니다.

(제품, 항공권 가격, 마일당 가치는 이 글을 작성하는 시점 기준 예이며, 이는 판매자 정책 및 구매 시점에 따라 변동될 수 있습니다.)

에필로그
# 블레저 여행(Bleisure Travel)

　익숙한 집과 회사를 떠나 어딘가로 업무차 출장을 가서, 업무를 마친 후 여유 시간에 약간의 일탈을 즐기는 것은 사람마다 정도의 차이는 있겠지만 직장인이라면 누구나 한 번쯤 경험해 보셨을 텐데요. 저는 직장인 출장러들이 알게 모르게 시나브로 해왔던 출장지에서의 여가 생활을 블레저 여행이라는 이름으로 좀 더 드러내 놓고 당당하게 할 수 있게 되었으면 좋겠다는 바람을 가지고 이 책을 썼습니다. 얼핏 생각하면 회사 비용을 들여서 멀리 출장을 보냈는데 업무 끝나고 한가하게 개인 여행을 한다니 회사 입장에서는 왠지 손해인 것 같이 보이는데요. 하지만 직원들이 회사를 사랑하고 즐겁게 다녀야 업무도 잘 되고 효율도 올라 결국은 회사가 잘되는 법입니다. 더 나아가 블레저 여행을 활용하여 출장지에서 개인 연차 휴가를 사용하게 함으로써 회사 입장에서는 개인이 원래 사용 해야하는 연차 사용 외에는 별다른 추가 비용을 들이지 않고도 구성원들의 사기를 북돋고 동시에 회사의 명성도 높아질 수 있음을 책의 본문에서 설명하였습니다. 이렇게 궁극적으로 회사와 직장인 모두 윈윈할 수 있는 블레저 여행을 활용하여, 대한민국 천만 직장인들이 지금보다 더 즐거운 직장생활이 될 수 있기를 희망해 봅니다.

저는 학창시절 참가한 백일장에서 참가비를 내면 받는 참가상(남들은 기념품이라고 부르는 그것) 말고 다른 상은 받아본 적 없습니다. 이런 제가 출판사의 제안으로 책 쓰기에 도전해 보기로 마음먹었을 때, 새로운 도전으로 흥분되기도 했지만 사실 꽤나 걱정되고 부담스러웠던 것도 사실이었습니다. 계약서에 사인하고 나서 몇 개월 동안은 주말마다 어디 가지도 못하고 노트북 앞에 앉아 있었습니다. 본인의 미천한 능력과 경험은 전혀 고려하지 않고, 노트북 앞에 앉기만 하면 나도 한강 소설가 같은 멋진 글을 술술 쓰게 될 거라고 상상했던 경솔한 자신을 매일같이 원망하였습니다. 그마저도 얼마 남지 않은 머리카락을 쥐어뜯으며 희생한 끝에, 눈물겨운 이 졸저 한 권을 세상에 내놓게 되었습니다. 이제 저는 다시 평범한 직장인의 일상으로 돌아가 블레저의 길을 걸을까 합니다. 길을 가시다가 분명히 출장 온 직장인처럼 보이는데 땡땡이를 치고 있는 중년 출장러 발견하시면 반갑게 아는척 해주시기 바랍니다. 혹시 압니까? 제가 출장비가 남았다면 아아라도 한잔 대접해드릴지도 모르죠.

 마지막으로 이 책을 선택하고 읽어주신 모든 분들께 진심으로 감사드립니다. 앞으로 블레저 여행자의 시선을 통해, 개개인 워라밸을 향상시키고 직장 생활을 더 풍요롭게 만드는데 조금이라도 도움이 되기를 바라며 마치겠습니다. 지금 이 순간에도 세계 곳곳을 누비고 계시는 대한민국 직장인 출장러 여러분! 비록 일 때문에 떠나는 여정일지라도, 대문을 나서는 순간 이미 여행은 시작됩니다.

블레저, 출장에 여행을 더하다

초판 1쇄 발행 | 2025년 7월 23일

지은이 | 권화정
펴낸이 | 김지연
펴낸곳 | 마음세상

출판등록 | 제406-2011-000024호 (2011년 3월 7일)

ISBN | 979-11-5636-630-0 (03190)

원고투고 | maumsesang2@nate.com
블로그 | blog.naver.com/maumsesang

* 값 18,900원